Die kleinen und großen Abenteuer der Tiere im Wald
3-5-8 Minuten Gute-Nacht-Geschichten für Kinder ab 3 Jahren
Julian Heinrich

Julian Heinrich

Die kleinen und großen Abenteuer der Tiere im Wald

3-5-8 Minuten Gute-Nacht-Geschichten
für Kinder ab 3 Jahren

Die Tiere, Menschen und Fabelwesen im Wald

Zick und Zack – zwei kleine Eichhörnchen-Jungen

Ellie Ringelschwänzchen – Mäuse-Mädchen

Schnuffel – Hasen-Junge

Lea Samtäuglein – Rehkitz-Mädchen

Felix – Fuchs-Junge

Julchen – Maulwurf-Mädchen

Jerry – Hamster-Junge

Molli – Wildschwein-Mädchen

Erna Paddelfuß – Enten-Mama

Otto Paddelfuß – Enten-Papa

Karl und Lena – Schwäne

Platsch – Frosch-Junge

Mümmel Dammbauer – Biber

Knuddel und Brauni – Bären-Jungen

Borsteline – Igel-Mädchen

Alfred Baumklopfer – Buntspecht

Olga – Papageien-Dame

Sven – Menschen-Junge

Knötter-Max – Zwerg

Belinda – die gute Fee aus dem Märchenland

Inhaltsverzeichnis

3 Minuten Geschichten — 7

Kapitel 1	Was kann man im Wald eigentlich alles entdecken?	9
Kapitel 2	Wie kann man sich so ähnlich sehen und trotzdem so sehr voneinander unterscheiden?	13
Kapitel 3	Ein dummes, kleines Missgeschick	17
Kapitel 4	Eine überraschende Begegnung	20
Kapitel 5	Eine neue Freundschaft und ein toller Plan	24
Kapitel 6	Aus drei Freunden werden vier	28
Kapitel 7	Der Klub der Entdecker wird von Tag zu Tag größer	32
Kapitel 8	Bitten und Betteln	36

5 Minuten Geschichten — 41

Kapitel 9	Die Reise beginnt	43
Kapitel 10	Ein gewaltiger Schreck und die erste Begegnung mit einer Wasserbewohnerin	48
Kapitel 11	Eine beeindruckende Familie und viele neue Bekanntschaften	53
Kapitel 12	Ein erstaunliches Kunststück	58
Kapitel 13	Die erste Nacht im Freien	64
Kapitel 14	Die Menschen gibt es also wirklich	69
Kapitel 15	Die Lösung des Rätsels und ein seltsames Geräusch	74
Kapitel 16	Der Wald steckt voller Überraschungen	79
Kapitel 17	Das hat Mümmel nicht gewollt	84
Kapitel 18	Noch schöner kann es nirgendwo sein	89
Kapitel 19	Ohne Zick hätten wir euch nie kennengelernt	94
Kapitel 20	Zick ist wirklich ein unvergleichlicher Pechvogel	99

8 Minuten Geschichten 105

- Kapitel 21 Eine stachelige neue Freundin und ein seltsames Geräusch 107
- Kapitel 22 Wo kommt das laute Hämmern her? 114
- Kapitel 23 Zack hat immer die besten Ideen 121
- Kapitel 24 Die bisher aufregendste Entdeckung von allen 128
- Kapitel 25 Dann muss es auch das Märchenland tatsächlich geben 135
- Kapitel 26 Eine hilfsbereite neue Freundin und eine schwierige Entscheidung 142
- Kapitel 27 Eine beinahe unglaubliche Unterhaltung 149
- Kapitel 28 Wer schon so viel erlebt hat, der will immer noch mehr 156
- Kapitel 29 Eine Rettung aus höchster Not 162
- Kapitel 30 Eigentlich ist er richtig nett 168
- Kapitel 31 Eine gute Tat 175
- Kapitel 32 Der größte Schreck aller Zeiten 182
- Kapitel 33 Echte Freunde halten zusammen 189
- Kapitel 34 Ein großer Traum wird endlich wahr 195

Hat dir mein Buch gefallen? 202

Lesenswerte Literaturempfehlung 203

3 Minuten Geschichten

Kapitel 1

Was kann man im Wald eigentlich alles entdecken?

Geht ihr gern im Wald spazieren? Oder meint ihr, dass es im Wald ziemlich langweilig ist? Wenn ihr das glaubt, dann irrt ihr euch aber kräftig.

Über keinen anderen Ort ist schon so viel erzählt und geschrieben worden. Könnte es nicht vielleicht sogar sein, dass es auch heutzutage im Wald noch Märchenfiguren, Fabelwesen und Zauberer gibt? Außerdem leben nirgendwo sonst so viele verschiedene Tiere. Manche von ihnen laufen auf vier Beinen, einige können unheimlich gut klettern und springen und andere fliegen hoch am Himmel durch die Luft. Zu den Bewohnern des Waldes gehört eine bunt gemischte Gruppe größerer Tiere, die ihr bestimmt aus Büchern oder aus Filmen kennt oder denen ihr sogar schon selbst begegnet seid. Um die allerkleinsten Tiere des Waldes sehen zu können, müsst ihr euch ein bisschen mehr anstrengen und ganz genau hinschauen.
Viele von ihnen sind nämlich sehr scheu. Diesen winzigen Tieren kommt es so vor, als ob die Menschen Riesen wären. Deshalb fürchten sie sich natürlich erst einmal vor ihnen und versuchen, sich so gut wie möglich zu verstecken.

Wenn ihr ganz still und leise seid und wenn es euch gelingt, euch vorsichtig an sie heranzuschleichen, könnt ihr aber Glück haben und sie trotzdem entdecken.

Das lohnt sich in jedem Fall, weil es im Wald noch viel, viel spannender und interessanter zugeht als in einem Zoo. Hier leben die Tiere in Freiheit und sie müssen selbst für ihr Futter und für ihre Sicherheit sorgen.

Was sie dabei alles erleben, erfahrt ihr in den folgenden Geschichten. Dabei werdet ihr einige der großen und kleinen Waldbewohner auf einem kurzen, ganz außergewöhnlichen Stück ihres Weges begleiten, ihre Abenteuer miterleben und sie näher kennenlernen.

Wer weiß, vielleicht findet ihr dadurch sogar neue Freunde?

Die Tiere, denen ihr in diesen Geschichten begegnen werdet, wohnen in dem scheinbar endlosen, grünen Wald zwischen der Stadt und den Bergen.

Dort ist es im Winter an den meisten Tagen mucksmäuschenstill, weil einige der Tiere ihren Winterschlaf halten und manche der Vögel vor der Kälte flüchten und im Herbst in den Süden fliegen.

Sobald die ersten warmen Sonnenstrahlen den Frühling ankündigen und die Laubbäume wieder grün werden, erwacht der Wald beinahe von einem Tag auf den anderen zu neuem Leben.

Dann piepst und zwitschert, brummt und raschelt, knistert und summt es überall. Was ist denn da nur los?

Im Frühling werden im Wald die Tierkinder geboren. Zwei von ihnen werde ich euch in der nächsten Geschichte vorstellen. Ihr werdet sie ganz bestimmt mögen, denn diese beiden kleinen und niedlichen Jungen sind etwas ganz Besonderes.

Kapitel 2

Wie kann man sich so ähnlich sehen und trotzdem so sehr voneinander unterscheiden?

An den ersten warmen und sonnigen Tagen im April sind die Mama und der Papa der Eichhörnchen-Familie Nussknabberer wahnsinnig aufgeregt. Nervös hüpfen sie von links nach rechts und wieder zurück. Als ihre beiden kleinen Jungen vor ungefähr zwei Monaten geboren wurden, waren sie so winzig klein, dass man sie kaum sehen konnte. Sie haben nicht mehr als fünf Gramm gewogen, sie hatten noch kein Fell, sie konnten nichts sehen und auch nichts hören.

In den vergangenen Wochen haben sich ihre Eltern liebevoll um sie gekümmert. In ihrem Nest aus weichen Blättern war es immer kuschelig warm und gemütlich.

Obwohl auch die Eichhörnchen-Babys die meiste Zeit schlafen, hatten die beiden Winzlinge ständig riesengroßen Hunger. Deshalb waren ihre Mama und ihr Papa, die sie abwechselnd füttern mussten, beinahe rund um die Uhr beschäftigt.

Weil sie das alles so gut gemacht haben, sind ihre Babys erstaunlich schnell gewachsen. Jetzt sehen sie schon wie richtige kleine Eichhörnchen aus. Ihre Eltern wissen genau, dass es nun nicht mehr lange dauern wird, bis sich ihre Kinder aus dem Nest herauswagen werden, um ihre Welt zu erobern.

Schaut doch mal! Sind die beiden Eichhörnchen-Brüder mit dem samtigen, rotbraunen Fell, dem langen, flauschigen Schwanz, den kleinen, spitzen Öhrchen und den dunklen Knopfaugen nicht zuckersüß?

Man könnte sie leicht miteinander verwechseln, weil sie sich so verblüffend ähnlich sehen.
Als sie sich jetzt auf ihre kurzen Beinchen stellen, um zum allerersten Mal zu laufen, erkennt man aber sofort, dass sie vollkommen unterschiedliche Eigenschaften haben.
Den vorsichtigen, kleinen Jungen, der sein Köpfchen gerade nachdenklich zur Seite neigt und erst einmal überlegt, ob es nicht etwa zu gefährlich sein könnte, haben seine Eltern Zack genannt. Der Kleine ist nämlich mächtig auf Zack und möchte alles ganz genau wissen.
Für seinen Bruder, der einfach mutig losmarschiert, ohne erst lange darüber nachzudenken, haben sie den Namen Zick gegeben. Ja, dieser kleine Abenteurer wird wahrscheinlich noch sehr oft „im Zickzack" rennen und sein Leben lang ein bisschen schusselig bleiben.
Passen diese Namen nicht perfekt zu den beiden? Sie gehören für immer zusammen und trotzdem sind sie völlig verschieden.

Unbeschreiblich stolz, aber auch ein wenig besorgt, schauen die Eichhörnchen-Eltern ihren Kindern zu. Von jetzt an müssen die Kleinen lernen, auf ihren eigenen Beinchen zu stehen und sich in dem großen, grünen Wald zurechtfinden. Auf ihren Entdeckungstouren werden sie nach und nach die Bewohner des Waldes kennenlernen und bestimmt eine Menge erleben.

Habt ihr Lust, sie dabei zu begleiten?

Kapitel 3

Ein dummes, kleines Missgeschick

Habt ihr schon einmal gesehen, wie ein Eichhörnchen an einer Nuss knabbert? Findet ihr es nicht auch putzig, wie es dabei auf seinen Hinterbeinchen steht und die Nuss mit seinen Vorderpfötchen festhält? Das und noch vieles mehr müssen Zick und Zack in den nächsten Wochen lernen. Inzwischen stellen sie sich dabei schon so geschickt an, dass man meint, es wäre kinderleicht.

Am allerliebsten spielen und toben die beiden Eichhörnchen-Brüder auf der kleinen Wiese neben ihrem Zuhause und natürlich auf den Bäumen. Von Tag zu Tag flitzen, klettern und springen sie immer schneller, weiter und höher.

Der mutige, kleine Zick ist seinem Bruder meistens ein paar Schritte voraus, weil er eben nicht erst lange darüber nachdenkt, ob er ein Risiko eingeht. Es macht ihm viel Spaß, wie der Blitz von einem Ast zum anderen zu hüpfen.

„Schau doch mal!", ruft er Zack zu. „Ich muss nur noch ein kleines bisschen üben, bis ich den Sprung auf den anderen Baum dort drüben schaffe. Ist das nicht toll? Das fühlt sich dann bestimmt so an, als ob ich fliegen könnte."

„Ja, das machst du wirklich super", bestätigt Zack, der ziemlich weit unten ist, weil er immer noch überlegt, welcher Weg am sichersten ist.

„Vergiss aber trotzdem nicht, vorsichtig zu sein!"

„Manchmal bist du richtig langweilig", beschwert sich Zick, der gerade in den obersten Ästen des Baumes verschwunden ist. „Man muss doch auch mal etwas riskieren."

Zack schüttelt lächelnd den Kopf. Ja, so ist sein Bruder eben und genauso kennt und liebt er ihn.

Da erklingt aus der Baumkrone plötzlich ein ängstlicher Schrei: „Hilfe!"

Weil Zack die Stimme seines Bruders sofort erkannt hat, lässt er seine Vorsicht fallen. Schnell wie die Feuerwehr hangelt er sich von Ast zu Ast nach oben, um Zick zu helfen.

Als er ihn endlich entdeckt, ist er unbeschreiblich froh. Er muss sich sogar das Lachen verkneifen.

„Was hast du denn jetzt schon wieder angestellt?", fragt Zack schmunzelnd.

Zick hat seinen Schwanz um einen Ast gewickelt und hängt mit dem Kopf nach unten zwischen den Zweigen. So zu schaukeln hat er sich wahnsinnig lustig vorgestellt. Dummerweise hat er aber vergessen, darüber nachzudenken, wie er sich aus dieser Lage wieder zurück nach oben auf den Ast hangeln könnte. Weil er dafür noch nicht stark genug ist, baumelt er jetzt ratlos hin und her.

Mit einem liebevollen Lächeln beugt sich Zack zu seinem wagemutigen Bruder hinunter, um ihm sein Pfötchen zu reichen und ihn wieder nach oben zu ziehen.

Dass Zick nichts passiert ist, macht ihn sehr glücklich.

Kapitel 4

Eine überraschende Begegnung

Auf dem Weg vom Baum hinunter legt Zack einen Arm um seinen Bruder. An das dumme, kleine Missgeschick, das Zick dort oben passiert ist, werden sich die beiden ganz sicher noch lange erinnern.

Zack muss sich nun erst einmal von dem riesigen Schreck erholen. Also bittet er Zick, sich zusammen mit ihm für ein paar Minuten auf die Waldwiese mit den wunderschönen, bunten Frühlingsblumen zu setzen. Das findet sein Bruder nicht gerade spannend, aber er tut ihm den Gefallen. Obwohl er es niemals zugeben würde, ist er ihm nämlich für die Rettung aus seiner unangenehmen Lage sehr dankbar.

Als Zack seinem Bruder gerade ins Gewissen reden möchte, damit dieser in Zukunft ein bisschen vorsichtiger ist, unterbricht ihn unerwartet ein schallend lautes Gelächter. Lacht sie etwa jemand aus? Außer ihnen ist doch niemand auf der Wiese. Merkwürdig!

Zack steht auf, um sich umzuschauen. Das Lachen kommt eindeutig von links. Dort sieht er aber nur die dichten Brombeersträucher.

„Ha, ha, ha, ihr seid ja zwei lustige Typen", ertönt ein helles Stimmchen aus der gleichen Richtung. „So etwas Verrücktes hält man ja nicht für möglich. Wollt ihr vielleicht im Zirkus auftreten? Gerade habe ich mich über euch fast kaputtgelacht."

Im Zirkus? Was ist das? Dieses Wort haben Zick und Zack vorher noch nie gehört.

Zwischen den hohen Grashalmen kommt raschelnd etwas auf sie zu. Wie aus dem Nichts taucht plötzlich vor ihnen ein kleines, graues Mäuschen auf, das sich auf die Hinterbeinchen stellt, um den beiden Eichhörnchen-Brüdern nacheinander schmunzelnd seine Hand zu reichen.

„Hallo! Ich bin Ellie Ringelschwänzchen und es freut mich sehr, euch kennenzulernen", verkündet sie mit ihrer sanften Stimme, die wie ein leises Piepsen klingt. Die kleine Maus mit ihrem langen, nach unten gebogenen Schwänzchen, ihrem spitzen Schnäuzchen, ihren winzigen Ohren und ihren vor Neugier funkelnden Augen zieht die beiden Brüder sofort in ihren Bann.

„Äh, ich heiße Zick und das ist mein Bruder Zack", stottert der sonst so mutige Eichhörnchen-Junge verlegen.

„Du warst doch derjenige, der vorhin auf dem Baum so besonders cool sein wollte, oder?", fragt sie lächelnd nach.

Das ist Zick ziemlich unangenehm. Weil ihm seine Eltern aber beigebracht haben, dass man immer ehrlich sein muss, versucht er gar nicht erst, eine Ausrede zu erfinden.

„Na ja, man kann sich auch mal verschätzen", murmelt er so kleinlaut, wie es sonst gar nicht seine Art ist. „Beim nächsten Versuch klappt es garantiert viel besser."

„Kein Problem! Dafür musst du dich nicht schämen", beruhigt ihn das niedliche Mäuse-Mädchen. „Ich mag tapfere Jungen, die sich zutrauen, etwas Neues auszuprobieren."

Kapitel 5

Eine neue Freundschaft und ein toller Plan

Seitdem Zick gehört hat, dass Ellie tapfere Jungen mag, strahlt er vor Freude und Zack geht es ganz genauso, als das niedliche Mäuse-Mädchen noch hinzufügte: „Dein Bruder ist aber auch ein echter Held. Immerhin hat er dich dort oben gerade gerettet."

Für einen Moment machen Ellies Komplimente die beiden Eichhörnchen-Jungen sprachlos. Man darf ja nicht vergessen, dass sie das erste Mädchen ist, mit dem sie sich unterhalten.

Wundert ihr euch jetzt darüber, dass Mäuse und Eichhörnchen ganz ohne Schwierigkeiten miteinander reden können? Im Wald verstehen tatsächlich alle, was die anderen sagen. Für uns Menschen hört sich die Sprache der verschiedenen Tiere zwar völlig unterschiedlich an, den Waldbewohnern scheint das aber überhaupt nichts auszumachen. Vielleicht lesen sie ja auch einfach die Gedanken der anderen? Das wird wohl für immer ein großes Geheimnis des Waldes bleiben.

Während Zick und Zack noch versuchen, sich endlich wieder so normal zu benehmen wie vorher, fragt Ellie neugierig: „Gehört ihr eigentlich auch zu den Tierkindern, die in diesem Frühling auf die Welt gekommen sind?"

„Ja", bestätigt Zack, der zuerst seine Stimme wiedergefunden hat. „Das habe ich mir schon fast gedacht. Ab und zu beobachte ich euch nämlich, weil der Eingang zum Mauseloch meiner Familie direkt unter dem Brombeerstrauch neben eurem Nest liegt", lässt Ellie sie wissen.

Das macht Zack gleich noch einmal verlegen. Hoffentlich haben sie sich nicht zu albern und tollpatschig benommen, wenn das Mäuschen ihnen beim Spielen zugeschaut hat.

„Meine Mama hat mir erzählt, dass die meisten Tierkinder hier im Wald im Frühling geboren werden", fährt Ellie fort. „Seid ihr nicht auch neugierig, wie die anderen aussehen, wie sie sind und was sie alles können? Wir könnten sie alle gemeinsam suchen, um sie kennenzulernen. Also, ich finde, das wäre eine tolle Sache. Oder was meint ihr?"

„Oh ja! Das wird bestimmt richtig super und total spannend", nimmt Zick seinem Bruder die Entscheidung ab.

„Prima!", freut sich das wissbegierige Mäuse-Mädchen. „Zwei neue Freunde habe ich heute schon gefunden, aber Freunde kann man schließlich nie genug haben."

„Bedeutet das etwa, dass wir drei jetzt Freunde sind?", möchte sich der völlig überraschte Zack noch vergewissern.

„Na klar! Was denn sonst?", wundert sich Ellie über seine Frage.

Die beiden Eichhörnchen-Brüder können ihr Glück kaum fassen. Deshalb grinsen sie von einem Ohr zum anderen.

„Jetzt muss ich mich aber beeilen", sagt das Mäuse-Mädchen. "Meine Mama macht sich sonst Sorgen. Aber gleich morgen früh treffen wir uns bei dem Brombeerstrauch über unserem Mauseloch und dann geht es los."

„Abgemacht!", rufen Zick und Zack im gleichen Augenblick.

Kapitel 6

Aus drei Freunden werden vier

Am folgenden Morgen wundern sich die Eichhörnchen-Eltern darüber, dass Zick und Zack so in Eile sind. Bisher haben sie immer gern gemütlich gefrühstückt, aber an diesem Tag schlingen sie alles blitzschnell herunter.

Kopfschüttelnd schauen die Eltern ihren Söhnen hinterher, als sie ganz aufgeregt losrennen.

„Na, die beiden scheinen heute wohl eine Menge vorzuhaben", meint ihr Papa schmunzelnd.

Auf ihre neue Freundin Ellie müssen Zick und Zack dann noch ein paar Minuten lang warten. Als sie schon befürchten, dass sich das Mäuse-Mädchen nur über sie lustig gemacht hat, krabbelt sie endlich unter dem Brombeerstrauch hervor.

„Guten Morgen!", begrüßt sie ihre neuen Freunde mit spürbar guter Laune. „Jetzt geht es los. Ab heute entdecken wir drei den Wald und gleich danach die ganze weite Welt."

Das lassen sich die beiden Eichhörnchen-Brüder nicht zweimal sagen. Und schon marschieren sie zu dritt über die Waldwiese.

„Moment mal! Hört ihr das auch?", fragt Ellie, die plötzlich stehen bleibt. „Normale Schritte sind das nicht, aber irgendetwas kommt gerade immer näher."

Dabei legt sie eines ihrer Pfötchen an ihr Schnäuzchen, um ihren Freunden zu zeigen, dass sie ganz still sein sollen. Aufmerksam betrachten die drei Entdecker das Gras.

„Dort drüben", flüstert Zack nach einer Weile. „Da bewegt sich etwas."

Was ist das? Am oberen Ende der Grashalme tauchen ab und zu zwei hellbraune Spitzen auf, die sich eindeutig auf sie zu bewegen.

Zack ist das alles nicht ganz geheuer. Erst als er erkennen kann, dass die dreieckigen Spitzen zu zwei langen, schmalen Ohren gehören, beruhigt er sich wieder.

Der niedliche, flauschige Hase mit dem putzigen Stummelschwänzchen hoppelt so schnell, wie er nur kann, bis er sie endlich erreicht hat.

„Hallo!", murmelt er noch ganz außer Atem. „Seid ihr die drei Freunde, die gestern beschlossen haben, alle Tierkinder des Waldes zu suchen, um sie kennenzulernen?"

„Woher kennst du denn unseren geheimen Plan?", fragt ihn Ellie misstrauisch.

„Gestern habe ich mich im Gras versteckt und euch zugehört, aber ich hatte nicht den Mut, euch anzusprechen", gibt der kleine Hasen-Junge verlegen zu. „Heute wollte ich euch aber auf gar keinen Fall verpassen. Ich bin nämlich auch eines der Tierkinder, die in diesem Frühling auf die Welt gekommen sind. Und ich möchte unbedingt mitmachen."

„Wie heißt du denn?", möchte Ellie wissen. Sie haben zwar nie darüber gesprochen, aber irgendwie scheint sie von Anfang an die Anführerin der Entdecker-Gruppe zu sein. Für Zick und Zack ist das in Ordnung. Immerhin war das ja alles ihre Idee.

„Schnuffel", stellt sich der kleine Hase vor.

„Dann herzlich willkommen in unserem Klub, Schnuffel!", verkündet Ellie lächelnd.

Kapitel 7

Der Klub der Entdecker wird von Tag zu Tag größer

Im Wald sprechen sich spannende Neuigkeiten mindestens genauso schnell herum wie in der Stadt. Hier tragen die Vögel die neuesten Nachrichten mit der Post zu jedem Baum, zu jedem Busch und sogar bis in die weit abgelegenen, verborgenen Ecken und Winkel.

„Die Tierkinder, die in diesem Frühling geboren wurden, haben den Klub der Entdecker gegründet", zwitschert, pfeift und piepst es überall. „Das Mäuse-Mädchen Ellie hat sich diesen Plan zusammen mit den Eichhörnchen-Brüdern Zick und Zack ausgedacht. Seitdem kommen fortlaufend neue Tiere dazu. Möchtet ihr auch dazugehören? Dann solltet ihr euch beeilen. Sie treffen sich jeden Morgen auf der Waldwiese hinter den Brombeerbüschen."

Eigentlich hatten sich Ellie, Zick und Zack das Ganze anders vorgestellt. Ihr Plan war es gewesen, Tag für Tag einen anderen Teil des Waldes zu erkunden und dabei möglichst viele interessante Tiere kennenzulernen.

Jetzt läuft aber alles anders. Sobald sich die Freunde morgens auf der Wiese treffen, kommen neue Tierkinder zu ihnen.

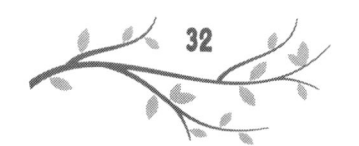

Das ist auch kein Wunder. Neue Freunde finden und zusammen mit ihnen aufregende Abenteuer erleben - das wünscht sich schließlich jedes Kind.

Selbstverständlich sind alle willkommen. Nach dem kleinen Hasen Schnuffel haben Ellie und die Eichhörnchen-Brüder das bildhübsche Rehkitz-Mädchen Lea Samtäuglein in ihre Gruppe aufgenommen. Weil es erst vor wenigen Tagen auf die Welt gekommen ist, stolpert es auf seinen dünnen Beinchen manchmal noch ein bisschen wackelig durch das Gras. Im hellen Licht der Sonne glitzern die weißen Pünktchen auf dem braunen Fell wie unzählige kleine Sterne.

An den darauffolgenden Tagen erschienen der schlaue, rotbraune Fuchs-Junge Felix mit dem langen, flauschigen Schwanz, das schüchterne, rabenschwarze Maulwurf-Mädchen Julchen mit den süßen, cremefarbenen Händchen, der lebhafte, goldbraune Hamster-Junge Jerry und das hellbraune Wildschwein-Mädchen Molli mit den hellen Streifen auf dem Rücken.

Habt ihr mitgezählt? Inzwischen besteht der Klub der Entdecker schon aus neun bezaubernden, kleinen Tierkindern.

Ellie, Zick und Zack können es selbst kaum glauben.

„Jetzt reicht es", beschließt Ellie energisch. „Ich freue mich riesig darüber, so viele liebe Freundinnen und Freunde zu haben. Ich mag euch alle sehr, sehr gern, aber vom Wald und von der Welt haben wir bisher noch nicht viel gesehen. Gleich morgen früh brechen wir alle gemeinsam zu unserer ersten Entdeckungsreise auf. Das war von Anfang an unser Plan. Hier auf der Waldwiese halte ich es nicht mehr länger aus."

„Oh ja, ab morgen erforschen wir den Wald und dann die ganze weite Welt", jubeln Zick und Zack, die sich wieder einmal vollkommen einig sind.

Begeistert stimmen die anderen Tierkinder in ihr Freudengeschrei mit ein und Schnuffel macht sogar einen Luftsprung.

Kapitel 8

Bitten und Betteln

Nach dem Jubel auf der Waldwiese haben die meisten der kleinen Tiere einen sehr schwierigen Abend vor sich.

Ellie hat ihnen nämlich erklärt, dass sie auf ihren viel zu kurzen Beinchen an einem einzigen Tag nicht sehr weit kommen werden. Dem kann keiner widersprechen. In der Zeit vom Sonnenaufgang bis zum Sonnenuntergang würden sie es höchstens schaffen, immer wieder die gleichen Stellen in der Nähe der Wiese zu erreichen. Mit einer Entdeckungsreise hätte das natürlich nicht viel zu tun.

Also müssen die Tierkinder ihre Eltern davon überzeugen, wie wichtig es für sie ist, den ganzen Wald zu erforschen. Dafür brauchen sie mit Sicherheit mehrere Tage. Wie groß der Wald tatsächlich ist, wissen sie bis jetzt ja noch gar nicht.

Deshalb bitten und betteln sie an diesem Abend darum, für eine Weile auch über Nacht wegbleiben zu dürfen.

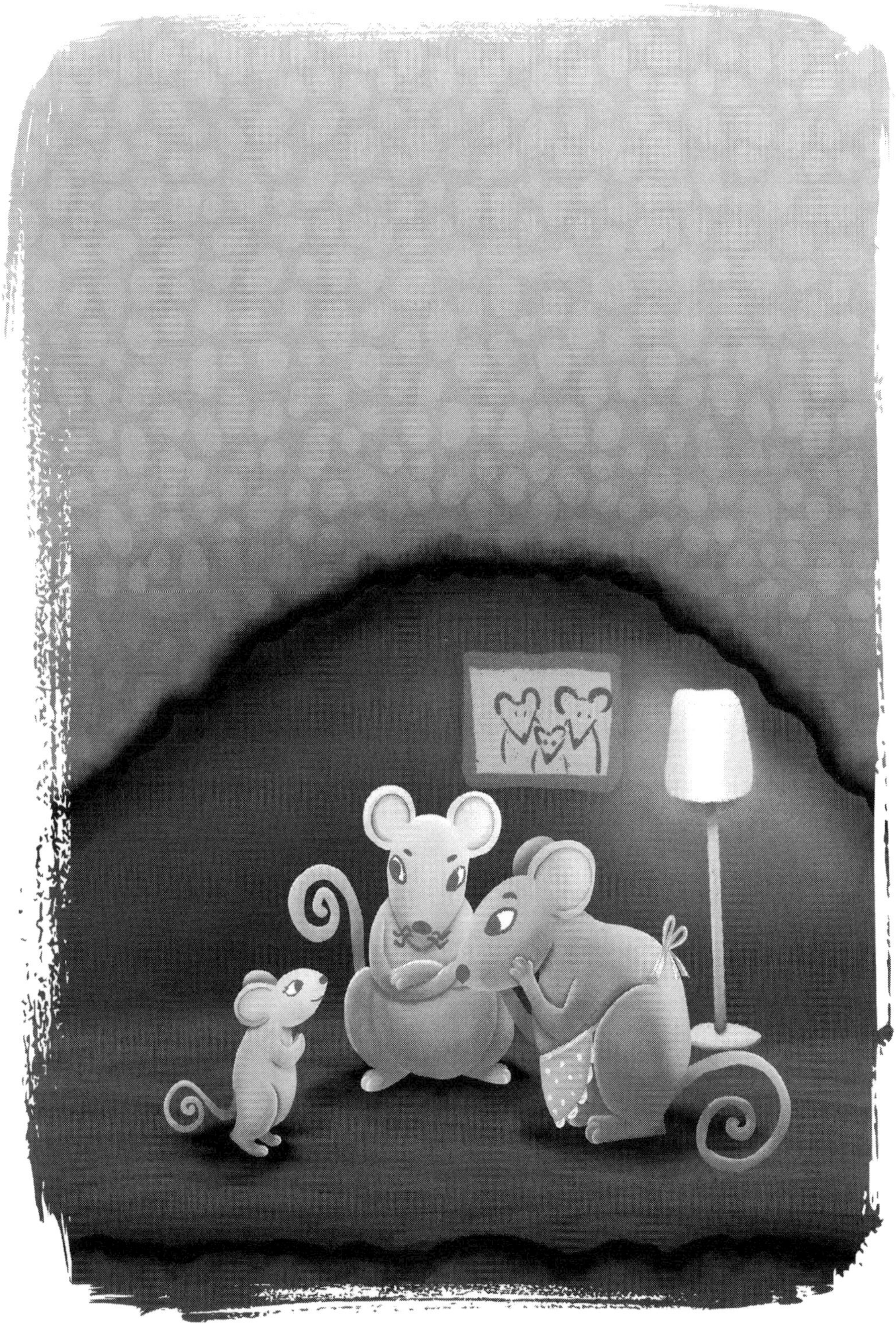

Das jagt den meisten Eltern erst einmal einen gewaltigen Schreck ein. Für sie sind ihre Kleinen das Wertvollste und das Allerliebste auf der ganzen Welt. Obwohl Tiere viel schneller erwachsen werden als Menschen, möchten ihre Eltern sie gern noch ein paar Wochen ganz nah bei sich haben, um sie zu beschützen.

„Warum könnt ihr denn damit nicht noch warten?", fragt die Mama von Julchen, dem schüchternen Maulwurf-Mädchen.

„So eine verrückte Idee hatte noch keines der Tierkinder, die in den vergangenen Jahren geboren wurden", stellt der Papa von Felix, dem schlauen, kleinen Fuchs, entsetzt fest.

„Ihr wisst doch gar nicht, was alles passieren kann, wenn man so weit von zu Hause weg ist", meint die Mama von Lea, dem hübschen Rehkitz-Mädchen. „Hier ist es doch wunderschön und wir haben alles, was wir brauchen. Dein Papa und ich haben noch nie darüber nachgedacht, eine Reise zu unternehmen."

„Werdet ihr denn so ganz allein genug zu essen finden?", möchte der Hasen-Papa von Schnuffel wissen.

Am einfachsten haben es Zick und Zack. Ihre Eltern verlassen sich nämlich darauf, dass ihre beiden Schätzchen unterwegs genauso gut aufeinander aufpassen werden wie sie es immer tun. Solange Zack bei ihm ist, wird Zick nicht zu viel Unsinn anstellen und sich nicht ständig in Schwierigkeiten bringen.

Zum Glück klappt es bei den anderen am Ende doch noch, weil die Kleinen erstaunlich clever sind und die richtigen Worte finden.

Im Grunde wünschen es sich die Eltern der Tiere ja, dass ihre

Kinder möglichst viel lernen, dass sie bald auf ihren eigenen Füßen stehen und dass sie für immer glücklich bleiben.

Aber dass die Eltern sich trotzdem Sorgen machen, das versteht ihr sicher.

In dieser Nacht können unsere kleinen Freunde vor Aufregung kaum einschlafen. Als ihre Augen dann doch vor Müdigkeit zufallen, träumen sie von den atemberaubenden Abenteuern, die sie von nun an erleben werden.

5 Minuten Geschichten

Kapitel 9

Die Reise beginnt

Am darauffolgenden Morgen fließen rund um die Waldwiese herum eine Menge Tränen. Der Abschied von ihren Kindern fällt den Eltern der kleinen Tiere unendlich schwer.

Obwohl die Kleinen versprochen haben, nur für ein paar Tage fortzubleiben, werden sie ihren Mamas und Papas natürlich sehr fehlen.

Auf der anderen Seite sind ihre Eltern aber auch mächtig stolz auf ihre Lieblinge. Nicht jeder würde es wagen, schon so kurz nach seiner Geburt eine Entdeckungsreise zu unternehmen.

Wenn sie ganz ehrlich sind, müssen einige der Mamas und Papas sogar zugeben, dass sie selbst noch nicht viel von dem endlos großen Wald gesehen haben. Wahrscheinlich liegt es daran, dass sie nie auf die Idee gekommen sind. Zu Hause gibt es für sie ja Tag für Tag mehr als genug zu tun.

„Sobald wir zurückkommen, werden wir euch alles erzählen, was wir unterwegs erlebt haben", wiederholt Zack jetzt schon zum dritten Mal, um seine Eltern zu trösten. „Dann lacht ihr euch sicher kaputt, wenn ihr hört, was Zick wieder alles angestellt hat."

„So ein Unsinn", unterbricht ihn sein Bruder empört. „Ich gebe ja zu, dass ich als Baby ab und zu schusselig war, aber inzwischen bin ich doch schon lange erwachsen."

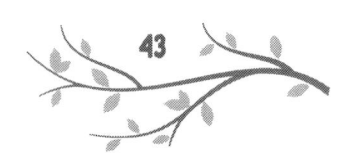

Seine Eltern müssen darüber lächeln und sind endlich nicht mehr so traurig.

Nachdem alle Tierkinder aus dem Klub der Entdecker ihre Mamas und Papas noch einmal fest umarmt haben, marschieren sie über die wunderschöne Blumenwiese auf den Waldrand zu, der auf der anderen Seite liegt. Am Anfang ihres Weges drehen sie sich noch einmal zu ihren Eltern um und winken ihnen fröhlich zu.

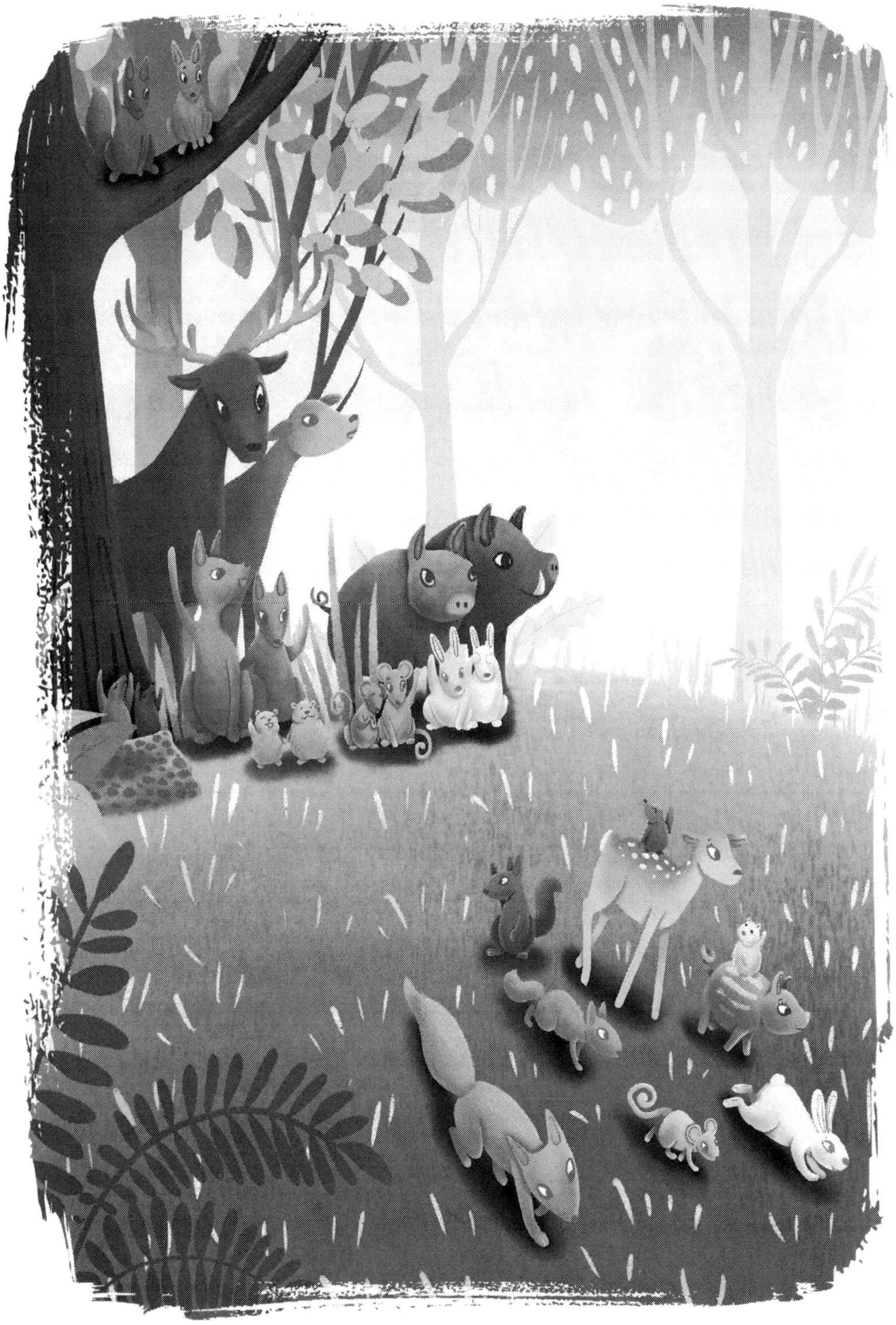

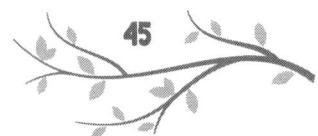

Schon bald kann man sie zwischen den hohen Grashalmen aber gar nicht mehr erkennen.

Weil sie die kürzesten Beinchen haben und deshalb nicht so schnell wie die anderen laufen können, dürfen sich die Allerkleinsten auf den Rücken ihrer größeren Freunde setzen. So lernen sie im Handumdrehen das Reiten und haben richtig viel Spaß dabei.

Julchen, das Maulwurf-Mädchen, hat es sich auf dem Rücken von Lea, dem hübschen Rehkitz, bequem gemacht. Und Jerry, der wissbegierige Hamster-Junge, sitzt stolz auf dem Rücken von Molli, dem netten Wildschwein-Mädchen.

Von Zeit zu Zeit löst Felix, der schlaue Fuchs, seine Freundinnen ab und trägt Julchen und Jerry für eine Weile.

So kommen die Tierkinder besser und unerwartet flink voran.

Ellie gehört zwar auch zu den kleinsten Entdeckern der Gruppe, aber sie braucht trotzdem keine Hilfe. Mäuse können nämlich viel schneller rennen, als ihr vielleicht denkt.

Für Zick und Zack ist das Ganze sowieso kein Problem, weil Eichhörnchen blitzschnell flitzen, springen und klettern.

Als die Tierkinder auf der anderen Seite der Waldwiese angekommen sind, strahlen sie vor Freude.

Na bitte, es klappt doch reibungslos. In diesem Moment wünschen sie sich, dass alle zuschauen könnten, die ihnen diese Reise nicht zugetraut haben.

„Und wohin gehen wir von hier aus?", möchte Zick augenblicklich wissen. Wenn es nach ihm gehen würde, müssten sie nie eine Pause einlegen.

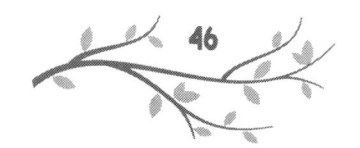

„Schaut doch mal!", ruft der flauschige Hasen-Junge Schnuffel ganz begeistert, als ob er Zicks Frage gar nicht gehört hätte. „Seht ihr die leckeren Walderdbeeren dort drüben? Das wird ja ein richtiges Festessen."
Beim Anblick der saftigen, reifen Beeren ist die Entscheidung gefallen. Ohne erst lange zu überlegen, stürzen sich alle sofort auf die verlockenden Früchte.
„Mhmm, sind die köstlich", schwärmt Molli mit vollem Mund.
„Da soll nochmal einer behaupten, wie würden ohne die Hilfe der Erwachsenen nicht genug zu essen finden", schmunzelt Felix stolz und zufrieden.
Als sie sich satt gegessen haben, kann sich Lea vor Lachen plötzlich nicht mehr halten. Sie kann kaum sprechen und verschluckt sich fast. Dabei zeigt sie auf Schnuffel.
„Du hast dich überall mit Saft bekleckert", macht sie sich über ihn lustig. „Dein ganzes Gesicht ist voller roter Flecken."
Völlig verdutzt schaut sie der kleine Hase an.
„Meinst du vielleicht, du würdest besser aussehen?", fragt er das Rehkitz grinsend.
Wie auf Kommando mustern sich die Freunde gegenseitig. Da müssen sie schallend laut lachen. Um ihre Schnäuzchen herum haben sie sich nämlich alle mit Erdbeersaft bekleckert.
„Ich glaube, bevor wir weitergehen, sollten wir uns besser erst waschen", schlägt Zack vor, als er sich wieder einigermaßen beruhigt hat. Wie immer ist er der Vernünftigste von allen, dem für jedes Problem sofort eine Lösung einfällt.
„Dazu brauchen wir aber sauberes Wasser", bemerkt Ellie, die gerne praktisch denkt.

Kapitel 10

Ein gewaltiger Schreck und die erste Begegnung mit einer Wasserbewohnerin

In diesem Moment sind die Tierkinder zum ersten Mal ziemlich ratlos. Klar, um sich waschen zu können, muss man sauberes Wasser haben. Gibt es denn im Wald überhaupt Wasser?
Darüber hat bisher noch keiner von ihnen ernsthaft nachgedacht.
„Ob wir wieder sauber werden, finde ich gar nicht so wichtig. Ich habe nämlich riesengroßen Durst und muss unbedingt etwas trinken", schnieft Julchen, das kleine Maulwurf-Mädchen.
Zack und Ellie, die sich für die anderen Tiere verantwortlich fühlen, sehen sich hilflos an. Das ist wirklich dumm gelaufen. Zu Hause haben sie von ihren Eltern immer so viel Wasser bekommen, wie sie wollten. Woher ihre Mamas und Papas das Wasser geholt hatten, war ihnen eigentlich egal gewesen.
„Verflixt! Bevor wir losmarschiert sind, hätten wir besser danach fragen sollen!", murmelt Zack so leise, dass man ihn kaum versteht.
„Auf den nächsten Regen können wir bei diesem herrlichen Wetter lange warten", stellt Ellie sachlich fest. „Hat einer von euch eine Idee, wie man am besten nach Wasser sucht?"
„Seid doch bitte alle mal still!", fordert Jerry seine Freunde auf. „Wenn mich nicht alles täuscht, regnet es irgendwo da drüben."

Verblüfft blicken die Tierkinder in die Richtung, in die er mit seinem Pfötchen zeigt.

Tatsächlich! Dort rauscht es ganz leise und dieses Geräusch hört sich eindeutig nach Wasser an.

Kann es denn wirklich ganz in der Nähe regnen, wenn die Sonne so schön scheint?

Es gibt nur eine einzige Möglichkeit, das herauszufinden. Also macht sich der Klub der Entdecker wieder auf den Weg. Neugierig und ein wenig verwundert laufen die Tiere auf das geheimnisvolle Rauschen zu.

Zwischen den hohen Bäumen, die in dieser Gegend des Waldes besonders dicht beisammenstehen, fühlen sich die Tierkinder jetzt nicht mehr ganz so mutig. Manche der Bäume sind so hoch, dass man die obersten Äste von unten gar nicht erkennen kann. Außerdem ist es hier sogar am Tag ganz dunkel, weil sich die Sonne hinter den dichten Blättern versteckt.

Zum Glück wird das Geräusch immer lauter. Nach ein paar Minuten sehen sie auch endlich wieder helle Sonnenstrahlen.

Als sie das Licht erreicht haben, staunen sie so sehr, dass sie erst einmal wie angewurzelt stehen bleiben und kein Wort mehr herausbringen.

Ist das schön hier!

Direkt vor ihnen erstreckt sich ein schmales, grünes Tal, das den Wald in zwei Hälften zu teilen scheint. Und genau in der Mitte des Tales plätschert ein Bach mit frischem, klarem Wasser über viele große und kleine Steine, die in der Sonne wie Diamanten glitzern. An den Ufern des Baches blühen hübsche Wildblumen in allen Farben des Regenbogens.

„So stelle ich mir das Märchenland vor", flüstert das Rehkitz-Mädchen Lea verträumt.

Zick kommt das alles eher wie ein gigantischer Spielplatz vor. Bevor sich die anderen von dem bezaubernden Anblick losreißen können, stürmt er schon so schnell wie die Feuerwehr auf den Bach zu. Ohne auch nur eine Sekunde lang zu überlegen, ob es eventuell gefährlich sein könnte, springt er auf einen der größten Steine in der Nähe des Ufers.

„Kommt hierher, ihr kleinen Feiglinge!", ruft er übermütig.

Dann macht es platsch!

Im Handumdrehen ist er auf dem nassen, glatten Stein ausgerutscht und ins Wasser gefallen. Hilflos strampelt er mit seinen Füßchen und Pfötchen, damit er nicht untergeht. Blass vor Schreck rennt Zack in Windeseile auf den Bach zu, um seinem Bruder zu Hilfe zu eilen.

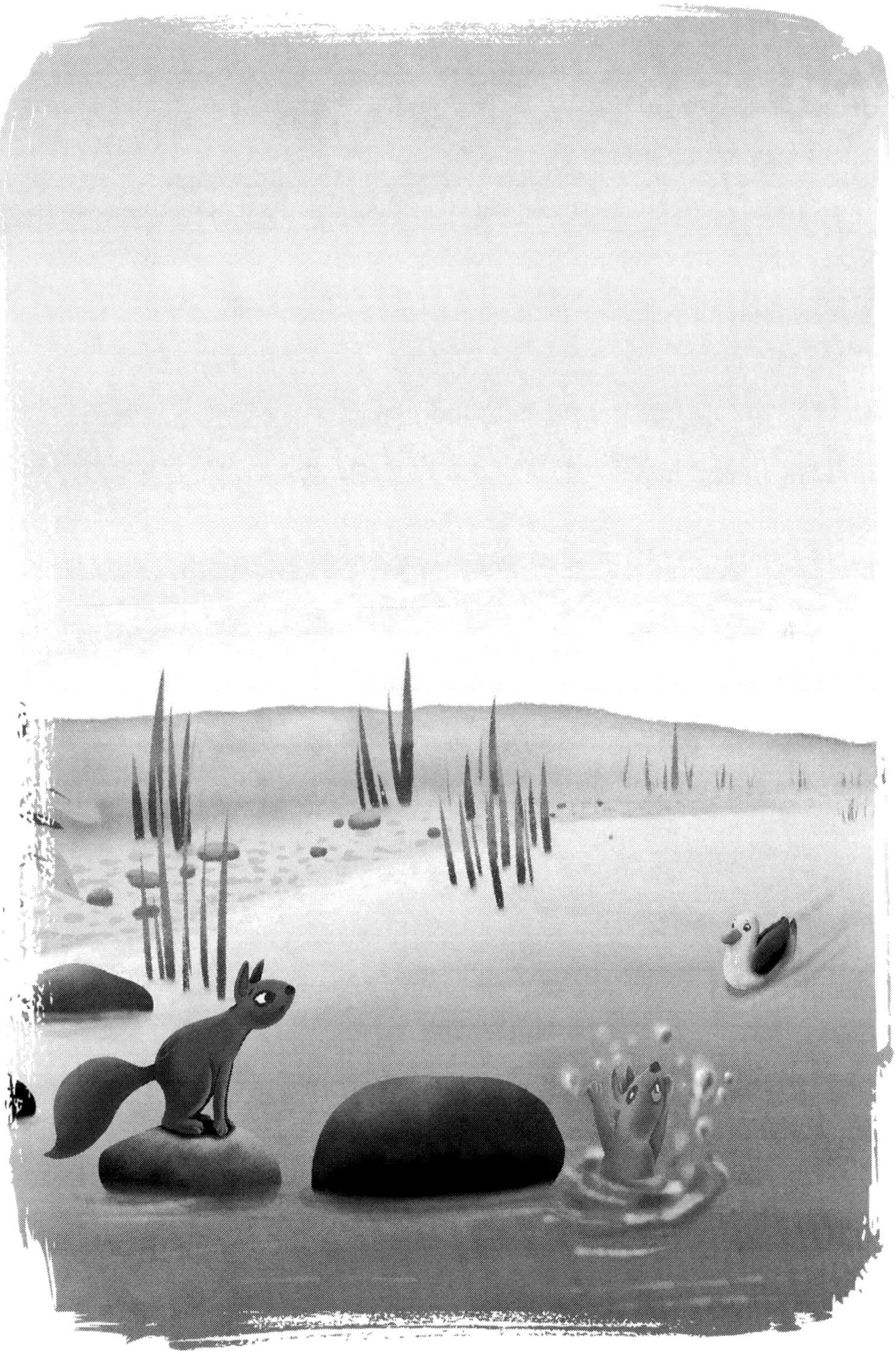

Diesmal ist jemand anderes aber schneller.

„Quak, quak, was soll das denn werden?", erklingt ein verärgertes Schnattern. „Du erschreckst ja gleich die Fische. Jetzt hör endlich auf, so zu zappeln. Ich komme ja schon."

Mit diesen Worten nähert sich Zick ein Tier, das noch keiner der kleinen Entdecker jemals zuvor gesehen hat. Es ähnelt einem Vogel und hat braun und beige gemusterte Federn, einen gelben Schnabel und winzige, schwarze Augen. Mit seinen riesigen, breiten Füßen paddelt der seltsame Vogel zielstrebig auf den armen Zick zu.

„Komm schon! Setz dich auf meinen Rücken!", fordert die Wasserbewohnerin Zick auf, sobald sie ihn erreicht hat. „Ich bringe dich zurück zum Ufer und dort solltest du in Zukunft auch besser bleiben."

Dummerweise braucht Zick drei Versuche, bis er es endlich geschafft hat, sich nach oben zu kämpfen. Heute ist er wirklich nicht der Geschickteste.

Schnatternd und schmunzelnd schwimmt der komische Vogel zum Ufer, um den Eichhörnchen-Jungen sanft dort abzusetzen.

Kapitel 11

Eine beeindruckende Familie und viele neue Bekanntschaften

Am Ufer des Baches stehen die kleinen Entdecker vollkommen verdutzt im Gras. Während Zick tollpatschig vom Rücken seiner Lebensretterin herunterklettert und auf sie zu stolpert, steht ihnen vor lauter Staunen der Mund offen.

„Was ist denn mit euch los?", fragt sie das unbekannte Tier. „Ihr wollt mir doch nicht erzählen, dass ihr noch nie eine Ente gesehen habt?"
Zack, der unvorstellbar froh darüber ist, dass dieser seltsame Vogel seinen Bruder gerettet hat, findet zuerst seine Stimme wieder.
„Vielen, vielen Dank!", murmelt er leise. „Dass du meinem Bruder geholfen hast, werde ich nie vergessen. Ja, ich muss ehrlich zugeben, dass wir alle noch keiner Ente begegnet sind. Du bist also eine Ente?"
„Was Zack gesagt hat, stimmt genau. Wir kommen nämlich von der Waldwiese hinter den hohen Bäumen", mischt sich Ellie ein. „Dort haben wir den Klub der Entdecker gegründet, weil wir alle gemeinsam den Wald und die große, weite Welt erforschen möchten."
Da klingt das Schnattern der Ente auf einmal wie ein fröhliches Lachen.
„Mit so einer verrückten Idee hatte ich beinahe schon gerechnet", verkündet sie mit einem breiten Enten-Lächeln. „Schließlich habe ich auch Kinder in eurem Alter und gleich neun Stück davon. Ach,

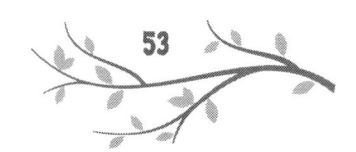

und übrigens, ich bin Erna Paddelfuß. Es freut mich, euch kennenzulernen. Wenn ihr wollt, stelle ich euch meiner Familie vor. Die werden Augen machen."

„Oh ja!", jubeln die Tierkinder, die sich inzwischen längst von dem Schreck erholt haben.

„Mit meinen großen Füßen kann ich viel besser schwimmen als laufen", erklärt die Enten-Mama den kleinen Entdeckern ihre Entscheidung, im Wasser zu bleiben. „Folgt mir einfach am Ufer des Baches entlang!"

55

Im Gänsemarsch machen sich die total gespannten Walderforscher auf den Weg. Endlich erleben sie genau das, was sie sich so sehnlich gewünscht haben.

Weil sie sich ganz aufgeregt miteinander unterhalten, fällt ihnen zunächst gar nicht auf, dass der Bach langsam, aber stetig breiter wird, bis er sich in einen malerischen See verwandelt. Hier folgt wirklich eine Überraschung der anderen.

Was die Tierkinder jetzt vor sich sehen, muss ein kleines Stück vom Paradies sein. Die Sonne, der strahlend blaue Himmel und die kleinen, weißen Wolken spiegeln sich auf der Oberfläche des Wassers. Am Ufer rascheln die Blätter der Bäume im Wind.

Von überall her ertönt das lustige Schnattern der unzähligen Enten, die auf dem Teich hin und her schwimmen.

Moment mal! Manche der Enten sehen völlig anders aus als Erna. Anstelle der braun und beige gemusterten Federn setzt sich ihr Gefieder aus kräftigen, bunten Farben zusammen, vor allem aus einem leuchtenden Grün, Blau, Weiß und Grau. Nur ihr Schnabel ist genauso gelb wie bei der Enten-Mama und sie haben dieselben großen Füße.

Noch bevor Lea, das kleine Rehkitz, danach fragen kann, zeigt Erna mit ihrem Schnabel nach links.

„Dort drüben ist mein Mann Otto, der Enten-Papa", ruft sie den Tierkindern zu. „Ihr müsst euch nicht darüber wundern, dass er so bunt ist. Das ist bei allen Enten-Männern so. Uns Frauen erkennt ihr an den überwiegend braunen Federn."

„Ja, die Enten-Papas sind zwar hübscher, aber dafür können wir uns besser verstecken", fügt sie noch schmunzelnd hinzu.

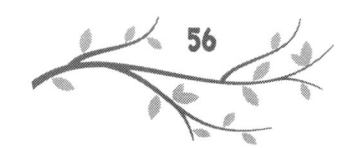

Sobald ihr Mann begriffen hat, dass keine Gefahr droht, schwimmt er ein wenig zur Seite, um den Weg für seine Kinder freizumachen. Wie aus dem Nichts kommen neun zuckersüße, gelbe Mini-Entchen hinter seinem Rücken hervor, die den Klub der Entdecker neugierig betrachten.

„Das sind unsere Küken, die - so wie ihr - in diesem Frühling geboren worden sind", stellt sie die Enten-Mama mit deutlich spürbarem Stolz vor. „Unsere älteren Kinder aus den vergangenen Jahren könnt ihr inzwischen schon gar nicht mehr von den anderen erwachsenen Enten auf dem See unterscheiden."

„Schaut sie euch doch nur einmal an!", fordert das Maulwurf-Mädchen Julchen ihre Freunde ganz hingerissen auf. „Sind die Kleinen nicht herzallerliebst?"

„Und was ist das da hinten?", möchte Molli, das Wildschwein-Mädchen, wissen. „Die beiden dort drüben am anderen Ufer sind viel größer als alle normalen Enten. Außerdem sind sie so strahlend weiß wie Schnee und sie haben einen unglaublich langen Hals."

„Das sind die Schwäne Karl und Lena", antwortet die Enten-Mama. „Manchmal halten sich die Schwäne für etwas Besseres, weil sie so hübsch sind. Dabei vergessen sie meistens, dass sie als kleine Kinder genauso ausgesehen haben wie wir. Aber keine Angst! Karl und Lena sind richtig nett und überhaupt nicht eingebildet."

Die Tierkinder können es kaum fassen, wie viele neue Tiere sie hier gerade kennenlernen.

Kapitel 12

Ein erstaunliches Kunststück

„Quaaak!"
Was ist das denn schon wieder? Diese Stimme klingt völlig anders als die der Enten und sie ist auch viel, viel lauter.
„Hast du mich etwa vergessen, Erna? Schließlich bin ich auch am See zu Hause und unsere Gäste möchte ich genauso gern kennenlernen wie ihr", beschwert sich derjenige, der gerade eben so ohrenbetäubend gequakt hat.
Aber wo steckt er bloß? Suchend sehen sich die Tierkinder um.
„Dort drüben sitzt er!", ruft Schnuffel auf einmal. „Ich habe ihn gefunden."
Weil er den nächsten unbekannten Wasserbewohner zuerst entdeckt hat, scheint der kleine Hase vor lauter Stolz ein Stückchen gewachsen zu sein. Als er sein Pfötchen anhebt, um seinen Freunden zu zeigen, wohin sie schauen sollen, kommt er sich äußerst wichtig vor.
Und siehe da! Auf dem großen, herzförmigen Blatt der gelb blühenden Seerose kann man den winzigen Knirps tatsächlich kaum erkennen. Er ist nämlich genau so grün wie das Seerosenblatt. Nur seine riesengroßen, orangefarbenen Augen verraten den kleinen Entdeckern, wo das geheimnisvolle Quaken herkommt.
„Hallo! Ich bin Platsch, der allerschönste und geschickteste Frosch auf

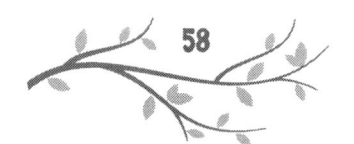

diesem See", stellt sich das putzige Kerlchen vor. „Soll ich euch ein Kunststück vorführen?"

Na, und ob die Tierkinder das sehen wollen! Sie nicken begeistert und lassen Platsch nicht mehr aus den Augen.

„Dabei müsst ihr ihm ein bisschen helfen", lässt sie die Enten-Mama lächelnd wissen. „Seht ihr die kleinen, roten Beeren an dem Strauch am Waldrand? Pflückt davon am besten gleich eine ganze Handvoll und bringt sie dann hierher ans Ufer!"

Das muss sie den kleinen Entdeckern natürlich nicht zweimal sagen. Sie haben nicht die leiseste Ahnung, was der Frosch damit anstellen wird, deshalb platzen sie fast vor Neugier.

In kürzester Zeit sind sie wieder zurück. In ihren breiten Schaufel-Pfötchen, mit denen die Maulwürfe richtig gut graben können, hält Julchen die meisten Beeren fest.

„Und was sollen wir jetzt damit machen?", fragt der kleine Hamster Jerry ungeduldig.

„Werft Platsch einfach eine Beere nach der anderen zu!", schlägt die Ente Erna schmunzelnd vor. „Dann werdet ihr schon sehen, was der Frosch damit macht."

Voller Spannung greift jedes der Tierkinder nach ein paar Beeren.

„Aber bitte nicht alle auf einmal!", ermahnt sie die freundliche Ente. „Sonst klappt das Kunststück nicht."

Damit garantiert nichts schiefgeht, stellen sich die kleinen Entdecker hintereinander am Ufer auf. Julchen darf die erste Beere werfen, weil sie so viele davon zum See getragen hat.

Für einen weiten Wurf sind ihre Ärmchen aber leider zu kurz und die anderen befürchten, dass die Beere das Seerosenblatt gar nicht erreichen wird und schon vorher im Wasser landet. Das macht aber überhaupt nichts, denn so schnell wie ein Pfeil und vollkommen unerwartet schießt eine endlos lange, schmale Zunge aus dem Mäulchen des Frosches heraus und er fängt die Beere im Flug aus der Luft. Es sieht fast so aus, als ob das kinderleicht wäre.

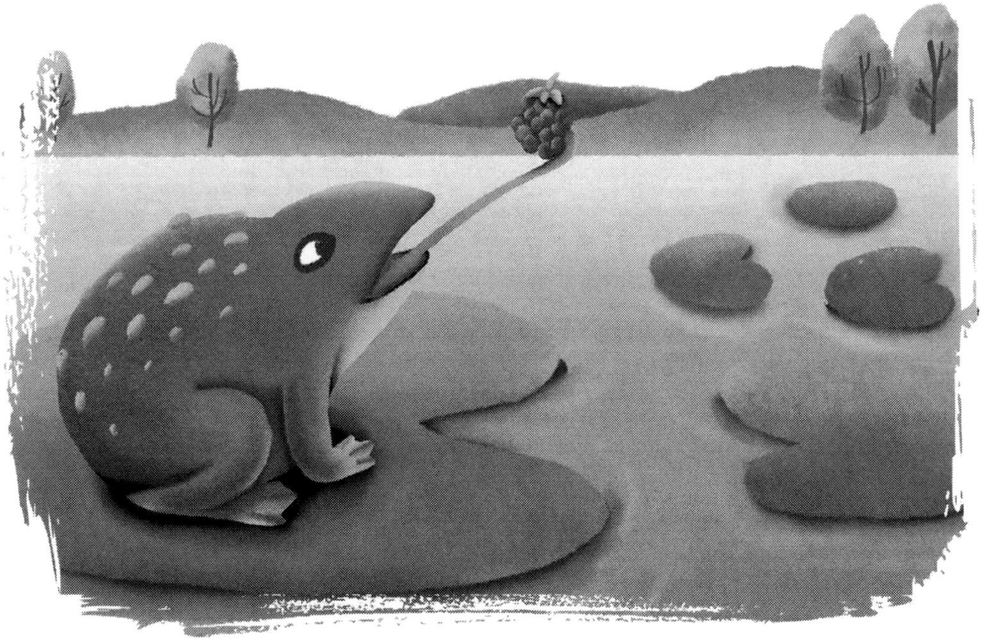

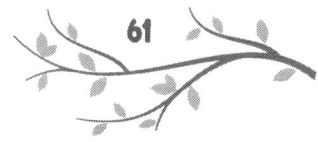

Mit allem haben die Tierkinder gerechnet, aber damit ganz sicher nicht.

Sie klatschen laut in die Hände und bewundern die beinahe unglaubliche Geschicklichkeit des drolligen, grünen Kerlchens.

Sobald sie sich wieder beruhigt haben, geht es Schlag auf Schlag weiter. Sie werfen eine Beere nach der anderen und keine einzige geht daneben. Platsch fängt sie alle mit einer unvorstellbaren Leichtigkeit. Ist das ein Spaß! Auch der kleine Frosch strahlt vor Glück, weil er den Besuchern aus dem Wald so viel Freude bereiten kann.

Als keine Beeren mehr übrig sind, verbeugt sich Platsch vor seinen Zuschauern. Mit seinem tollen Kunststück hat er die Herzen der Tierkinder im Sturm erobert.

Später sitzen sie am Ufer des Sees, um sich für ein Weilchen auszuruhen.

„Dass dieser niedliche, kleine Kerl so unheimlich geschickt ist, hätte ich nie im Leben erwartet", gibt Felix ehrlich zu. Obwohl das schlaue Füchschen schon viel im Voraus weiß, steht ihm die Überraschung diesmal genauso ins Gesicht geschrieben wie allen anderen.

„Mit dem würde ich nicht gern Verstecken spielen", meint Ellie nachdenklich. „Überall da, wo es grün ist, kann man Platsch ja unmöglich finden."

„Ja, da hast du völlig recht. Darüber hatte ich noch gar nicht nachgedacht", muss Zack mit einem verlegenen Lächeln gestehen. „Ist es nicht absolut fantastisch, wie viele interessante und liebenswerte Wasserbewohner wir hier getroffen haben?"

Daraufhin nicken alle zustimmend. Bis hierhin war ihre Reise in jedem Fall schon ein voller Erfolg.

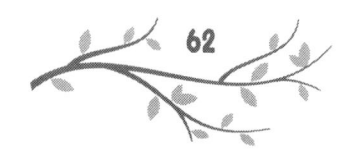

„Und dabei hattet ihr noch gar keine Zeit, um euch die vielen verschiedenen Fische anzuschauen", sagt die Enten-Mama, die aus dem Wasser kommt und auf sie zu watschelt.

Kapitel 13

Die erste Nacht im Freien

Nachdem die Tierkinder vom Ufer des Sees aus auch noch die großen und kleinen, schwarzen und bunten Fische beobachtet haben, geht die Sonne langsam unter.

Den Fischen dabei zuzusehen, wie sie beeindruckend flink hin und her und sogar im Kreis schwimmen, hat ihnen allen viel Spaß gemacht.

Natürlich hat Zack seinen Bruder dabei nicht eine einzige Sekunde lang aus den Augen gelassen. Er hat nämlich ständig befürchtet, Zick würde wieder eine seiner verrückten Ideen haben und noch einmal ins Wasser fallen. Zum Glück ist ihm nach seinem peinlichen Missgeschick auf dem glatten Stein im See aber nichts mehr passiert.

Der spannende erste Tag ihrer Entdeckungsreise scheint wie im Flug vergangen zu sein. Erst als es allmählich dunkel wird, bemerken die Tierkinder, wie müde sie geworden sind.

„Wo werden wir denn heute Nacht schlafen?", fragt der kleine Hamster Jerry mit einem herzhaften Gähnen.

Ach ja! Darüber haben sie sich bisher noch gar keine Gedanken gemacht. Ein gemütliches Nest oder ein warmes Zuhause unter der Erde wird es für sie nicht mehr geben, solange sie unterwegs sind.

„Hier droht uns doch keine Gefahr", überlegt Zack, der sich dafür verantwortlich fühlt, eine Entscheidung zu treffen. „Zu kalt wird es sicher nicht werden und es ist auch kein Regen in Sicht. Deshalb schlage ich vor, dass wir uns unter den Büschen am Waldrand einfach in das weiche Gras legen."

Einige seiner Freunde sehen daraufhin ein kleines bisschen enttäuscht aus. Dass sie sich auf ihrem Weg durch den Wald nicht jeden Abend ein neues Zuhause bauen können, sehen jedoch alle ein.

Gesagt, getan. Sobald sich die kleinen Entdecker unter den Büschen gegenseitig mit Blättern zugedeckt und in das hohe Gras eingekuschelt haben, fallen den meisten von ihnen schon die Augen zu. Nach so vielen aufregenden Erlebnissen an einem einzigen Tag ist selbst der mutigste kleine Held erst einmal erschöpft.

Nach ein paar Minuten schnarchen die Tierkinder mit ihren Freunden um die Wette. Hoch oben am Himmel wacht ein großer, gelber Vollmond über ihren Schlaf und vom See weht der Wind ein beruhigendes Froschkonzert herüber, das sie bis in ihre Träume hinein begleitet.

Dass das Quaken der Frösche in der Nacht so wunderschön klingen kann, hätten sie vorher nicht für möglich gehalten. Auch Zack fühlt sich im Freien pudelwohl. Das, was sie bisher schon alles erlebt haben, macht ihn glücklich und zufrieden.

Trotzdem wälzt er sich unruhig von einer Seite auf die andere. Aus irgendeinem Grund kann er überhaupt nicht einschlafen. Vielleicht ist ihm das Mondlicht zu hell oder es gibt einfach noch zu viele Dinge, über die er nachdenken muss.

Nach mehreren vergeblichen Versuchen, die Augen zu schließen, steht er wieder auf. Um seine Freunde nicht aufzuwecken, geht er ganz besonders leise und vorsichtig zum Ufer des Sees hinüber.

Dort setzt er sich auf einen Baumstumpf und schaut zum Himmel hinauf. Am liebsten würde er die Sterne zählen, die über ihm strahlen und funkeln. Dafür sind es aber zu viele. Jetzt findet er es ziemlich schade, dass er zu Hause im Nest seiner Familie noch nie darauf geachtet hat, wie traumhaft schön eine sternenklare Nacht sein kann.

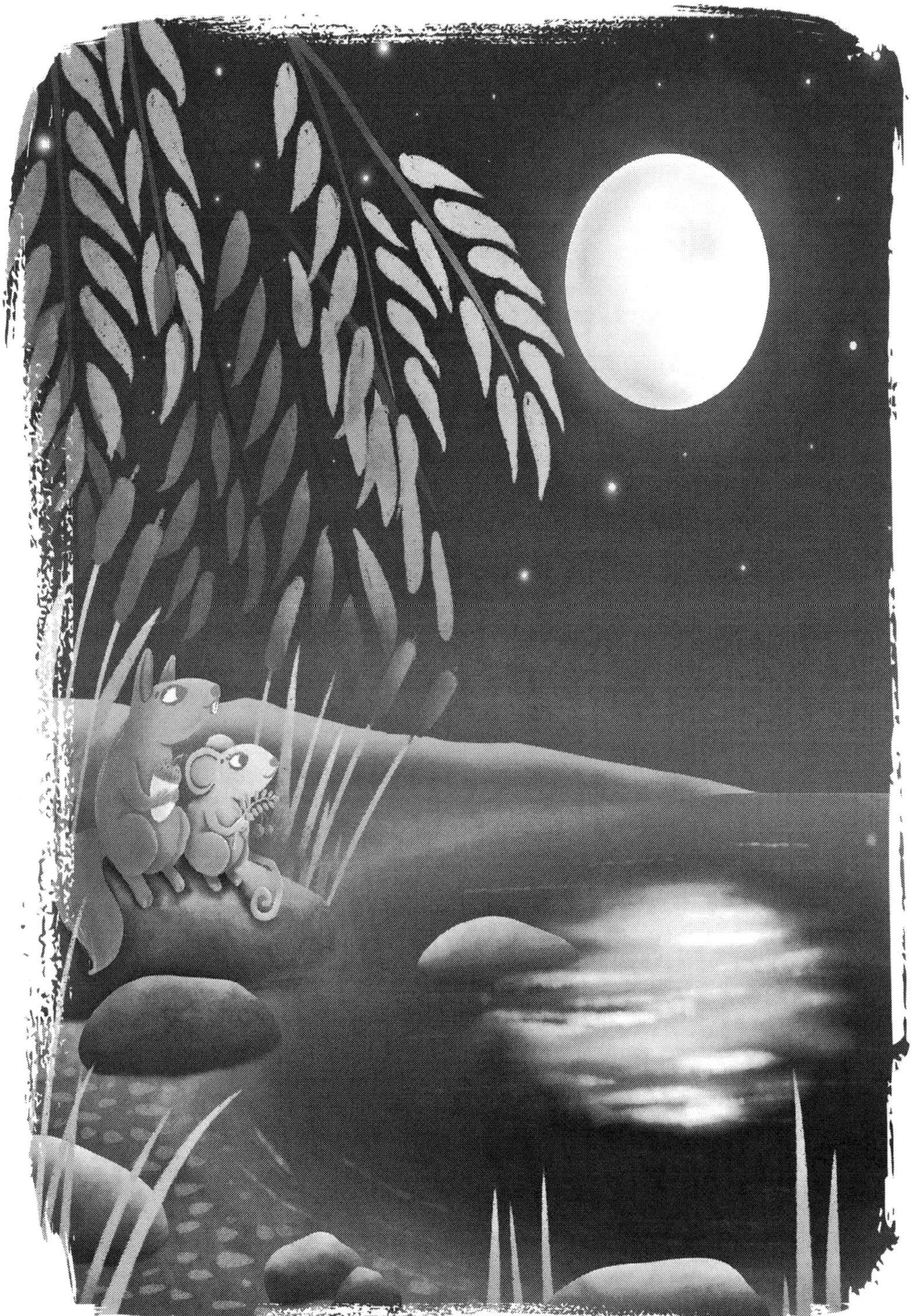

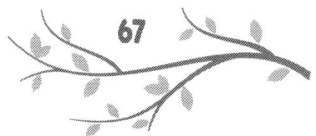

„Denkst du, dort oben auf den Sternen leben auch Tiere wie wir?"
Heftig erschrocken dreht er sich um.
„Keine Angst! Ich bin es doch nur", kichert Ellie. „Ich kann auch nicht einschlafen."
„Ja, es wäre eine tolle Sache, wenn wir zu den Sternen fliegen und dort auch auf eine Entdeckungsreise gehen könnten", antwortet Zack, nachdem er sich wieder beruhigt hat.
„Das wäre absolut super", stimmt ihm Ellie zu. „Wenn wir aber jeden Tag hier im Wald so viel erleben wie heute, genügt mir das erst einmal. Und ich muss dir ehrlich sagen, dass es richtig gut war, dass dein Bruder ins Wasser gefallen ist. Sonst wären wir Erna und den anderen Wasserbewohnern vielleicht gar nicht begegnet."
„Da hast du wahrscheinlich recht", gibt Zack zu, der inzwischen auch über die Tollpatschigkeit seines Bruders lachen kann. „Er ist zwar viel mutiger als ich, aber damit bringt er sich eben manchmal ganz schön in Schwierigkeiten."
Als ihm die Erinnerungen an den vielen Unsinn durch den Kopf gehen, den Zick in seinem Leben schon angestellt hat, muss er lächeln. So ist sein Bruder eben und er liebt ihn genau so, wie er ist.

Kapitel 14

Die Menschen gibt es also wirklich

Für eine Weile schauen Ellie und Zack schweigend auf den See.
„Ich finde es toll, dass du so gut auf Zick aufpasst", sagt Ellie plötzlich ganz leise. „Einen Bruder, der sich so lieb um mich kümmert, hätte ich auch gern."
Dieses Lob ist Zack schon beinahe peinlich und er wird ganz rot. Im Grunde ist es doch vollkommen normal, dass er seinen Bruder beschützt, so gut er das eben kann.
„Als dein Freund werde ich natürlich immer genauso gern darauf achten, dass dir nichts passiert", verspricht er Ellie verlegen.
„Danke! Das ist wirklich nett von dir. Wenn du irgendwann einmal meine Hilfe brauchst, bin ich auch für dich da. Dafür sind wir beide schließlich Freunde."
Wie gut es tut, Freunde zu haben, auf die man sich zu jeder Zeit verlassen kann, wird Ellie und Zack erst in diesem Moment so richtig klar.
Und weil man mit seinen Freunden über alles sprechen kann, denkt Zack jetzt an die Frage, die er Ellie schon lange stellen wollte: „Es gibt da etwas, über das ich unbedingt mit dir reden möchte", beginnt er.
„In der letzten Zeit war so viel los, dass ich es fast schon vergessen hatte. Heute hat mich der niedliche Frosch mit seinem Kunststück

aber wieder daran erinnert. Als wir uns zum ersten Mal im Wald begegnet sind, hast du ein Wort gesagt, das ich vorher noch nie gehört hatte. An dem Tag hing Zick an einem Ast fest, weil er erneut zu waghalsig gewesen war. Da hast du uns gefragt, ob wir im Zirkus auftreten möchten. Was ist denn ein Zirkus?"

„Ach, das ist eigentlich gar nichts Besonderes", meint Ellie schmunzelnd. „Stell es dir einfach wie ein riesengroßes Nest mit einem Dach vor, unter dem man nicht nass wird, wenn es regnet. Dort führen die Menschen ihren Zuschauern viele verschiedene Kunststücke vor. Tiere treten dabei auch auf und das gefällt den Menschen am allerbesten."

„Die Menschen gibt es also wirklich?", staunt Zack. „Ab und zu sprechen die Erwachsenen ja über sie, aber ich habe geglaubt, dass es die Menschen nur im Märchen gibt."

„Wir Mäuse wissen genau, dass die Menschen nicht nur Fabelwesen sind", versichert ihm Ellie. „Immerhin leben bis heute eine Menge Mäuse in der Welt der Menschen. Meine Oma und mein Opa waren vor langer Zeit auch schon dort. Wenn sie erzählen, was sie bei den Menschen alles gesehen und erlebt haben, würdest du dich wundern. Ich könnte ihnen stundenlang zuhören."

„Laufen sie tatsächlich auf zwei Beinen? Und stimmt es, dass sie viel, viel größer sind als wir und dass sie ihre eigene Sprache sprechen?" Diese geheimnisvollen Wesen interessieren Zack so sehr, dass er am liebsten tausend Fragen auf einmal stellen würde.

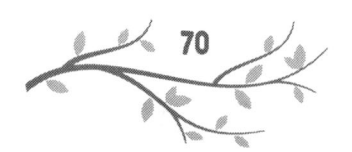

„Ich denke schon", meint Ellie. „Alles konnte ich mir aber auch nicht merken. Wenn wir nach unserer Reise wieder nach Hause kommen, solltest du dich darüber wohl besser mit meinen Großeltern unterhalten. Einige der älteren Tiere behaupten übrigens, dass die Menschen ab und zu durch den Wald laufen. Also, wer weiß? Vielleicht begegnen wir auf unserem Weg ja eines Tages einem echten Menschen."

Auf dem Rückweg zu ihren Freunden ist Zack vor lauter Aufregung ganz zappelig.

„Glaubst du, das Märchenland gibt es auch?", möchte er von Ellie wissen. „Und Zauberer und Elfen und Einhörner?"

„Das musst du den weisen, grauen Wolf fragen, wenn wir ihn zufällig irgendwo treffen sollten. Meine Mama sagt, er wäre schon einmal dort gewesen."

Zack kann sein Glück kaum fassen. Nur zu gern würde er im Wald gleich morgen alle Geheimnisse auf einmal erforschen.

Als beide am Waldrand ankommen, sind die anderen Tierkinder alle wieder wach und stehen im Kreis um Zick herum.

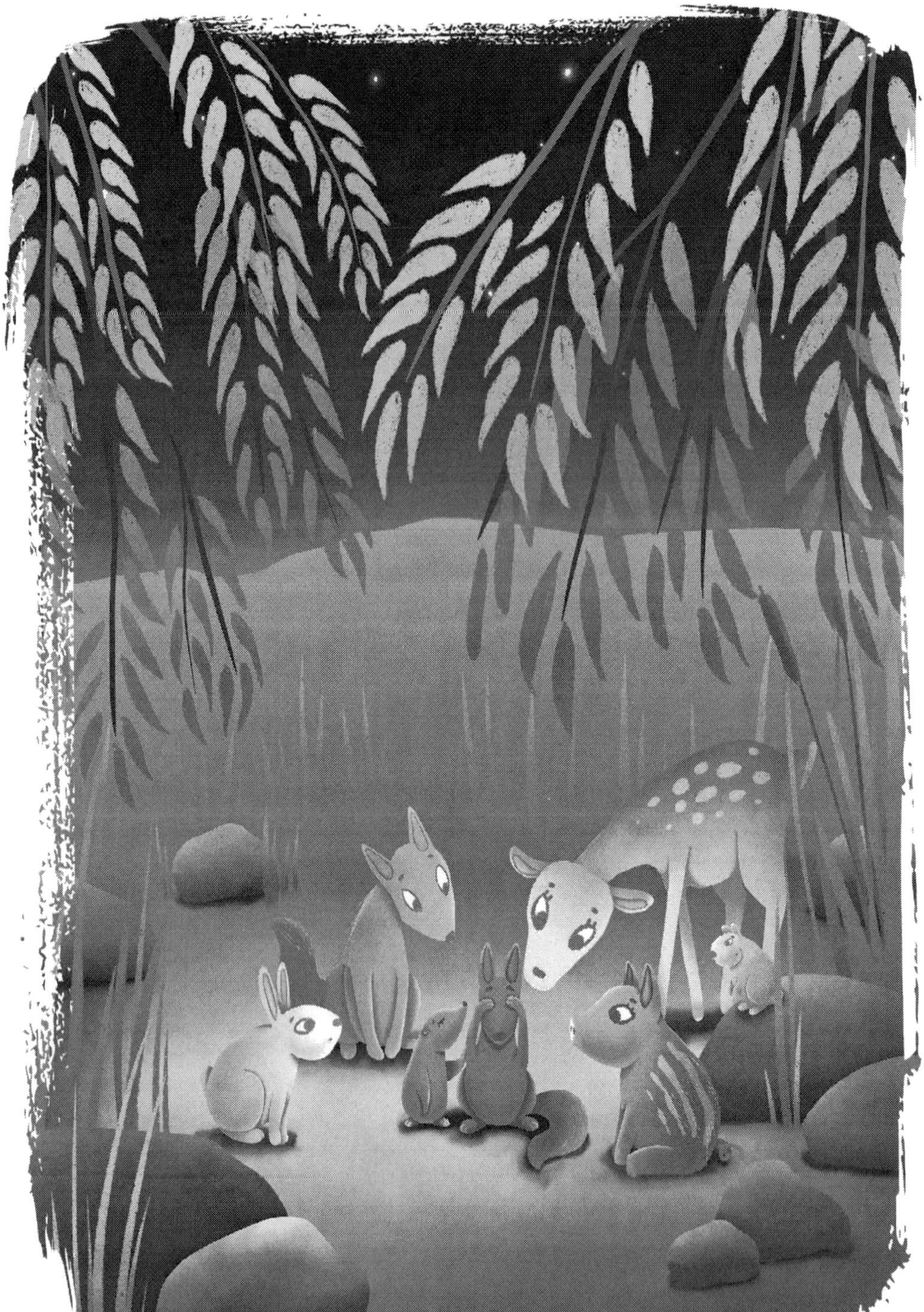

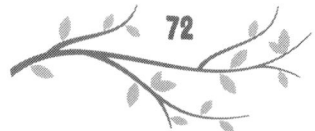

„Was hat er denn jetzt schon wieder angestellt?", seufzt Zack besorgt.
Zick rennt völlig aufgelöst auf seinen Bruder zu.
„Du wirst nie im Leben erraten, was mir eben gerade passiert ist", ruft er ihm schon von Weitem zu. „Wo bist du bloß gewesen? Wir haben dich überall gesucht. Im Schlaf ist mir nämlich ein Stern auf den Kopf gefallen und vor Schreck bin ich sofort aufgewacht. Dann habe ich dich gerufen, aber du warst plötzlich weg."
„Die Sterne fallen doch nicht vom Himmel", versucht Zack ihn zu beruhigen.
„Doch, ich schwöre es", fällt ihm Zick ins Wort. „Er kam aus dem Gebüsch da drüben."
Wird Zack herausfinden können, was hier wirklich geschehen ist?

Kapitel 15

Die Lösung des Rätsels und ein seltsames Geräusch

Nachdem Zick behauptet hat, dass ihm im Schlaf ein Stern auf den Kopf gefallen ist, schaut Zack erst einmal ratlos zu dem Gebüsch hinüber, auf das sein Bruder zeigt. Dort funkeln unzählige und winzig kleine, helle Lichter, die rasend schnell durch die Luft fliegen.
„Ach, du Dummerchen", schmunzelt Zack.
Er hat auf den ersten Blick begriffen, was hier wirklich vorgefallen ist. Während er das Rätsel löst, legt er sein rechtes Pfötchen behutsam auf die Schulter seines Bruders: „Das war kein Stern, sondern nur ein Glühwürmchen, das sich im Wald verirrt hat. Sonst hättest du jetzt garantiert eine ziemlich dicke Beule, aber die hast du ja zum Glück nicht. Siehst du, dort drüben spielen die Brüder und Schwestern des Glühwürmchens miteinander. Ist es nicht wunderschön, wie sie in der Dunkelheit leuchten?"
Da können die Tierkinder ihr Lachen nicht mehr zurückhalten und Zick stimmt erleichtert mit ein.
„Es hat aber genauso hell geglitzert wie ein Stern", verteidigt sich Zick, dem das Ganze nun doch ein bisschen peinlich ist. „Und es ist direkt auf meinen Kopf geflogen."
„Das glaube ich dir", tröstet ihn Zack. „Bestimmt war das arme

Glühwürmchen furchtbar erschrocken und es hatte viel mehr Angst vor dir als du vor ihm. Ein so kleines Tierchen muss dich ja für einen Riesen halten."

Bei dieser Vorstellung fühlt sich Zick so groß und stark, dass es ihm gar nichts mehr ausmacht, dass er alles falsch verstanden hatte.

„Bis die Sonne aufgeht, sollten wir alle noch ein wenig schlafen", schlägt Ellie vor. „Morgen werden wir mit Sicherheit neue, spannende Abenteuer erleben, für die wir jede Menge Kraft und Mut brauchen."

Damit sind alle einverstanden und kurz darauf ist es unter den Büschen am Waldrand wieder mucksmäuschenstill.

Am darauffolgenden Morgen werden die kleinen Entdecker von der Sonne geweckt.

„Jetzt müssen wir uns aber beeilen, damit wir heute ein gutes Stück weiterkommen", ermahnt der vernünftige Zack die anderen Tierkinder.

Zuerst haben sie aber noch eine schwierige Aufgabe vor sich. Der Abschied von ihren neuen Freunden am See und am Bach fällt allen unerwartet schwer. Weil sie alle so nett sind, haben sie die Wasserbewohner schon nach wenigen Stunden in ihr Herz geschlossen. Deshalb würden sie am liebsten alle mitnehmen. Dass das leider nicht möglich ist, weil es im Wald nicht genug Wasser gibt, sehen aber alle ein.

Einen besonders traurigen Moment erleben sie, als eines der süßen Kinder der Enten-Mama Erna auf sie zu watschelt und sie rührend darum bittet, mit ihnen mitkommen zu dürfen.

„Ich bin doch schon groß und möchte auch ein Entdecker werden", bettelt der flauschige, gelbe Sprössling.

Wie gut, dass Platsch ihnen an dieser Stelle aus der Patsche hilft. Mit ein paar lustigen Tricks lenkt er das kleine Küken erfolgreich ab. Dadurch kann er glücklicherweise verhindern, dass das Küken anfängt zu weinen.

Als die kleinen Entdecker auf den Waldrand zu marschieren, winken ihnen die freundlichen Wasserbewohner noch lange nach.

Bevor die Tierkinder zwischen den Bäumen verschwinden, ruft Ellie ihnen noch zu: „Wir werden uns sicher bald wiedersehen. Wenn wir nach unserer Reise wieder zu Hause sind, kommen wir euch so schnell wie möglich besuchen. Fest versprochen! Und dann erzählen wir euch, was wir unterwegs alles erlebt haben."

Diese tolle Idee macht alle wieder fröhlich. Darauf freuen sie sich nämlich jetzt schon.

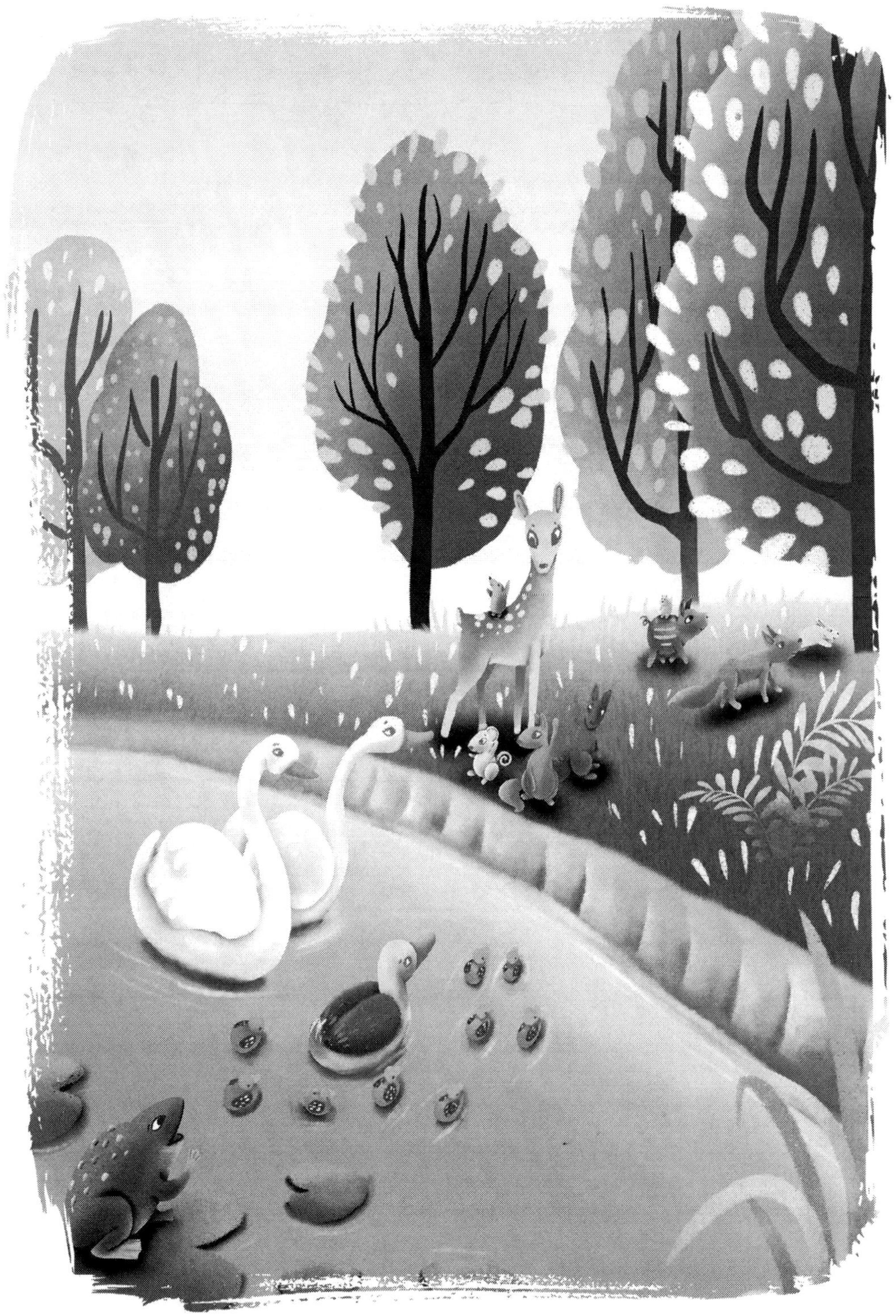

„In welche Richtung gehen wir denn von hier aus am besten?", möchte das hübsche Rehkitz-Mädchen Lea von den Anführern der Gruppe wissen.

Darüber haben sie aber noch gar nicht richtig nachgedacht. In diesem Augenblick nimmt ihnen ein willkommener Zufall die schwierige Entscheidung ab.

„Hört ihr diesen Lärm?", fragt Schnuffel, der sein Hasen-Näschen schnuppernd in die Luft hält. „Bei uns auf der Waldwiese war es doch immer ganz still. Was kann das sein?"

Ja, die anderen hören es jetzt auch. Es klingt wie ein gewaltiges Tosen und Rauschen und irgendwie so, als ob es nicht weit von ihnen in Strömen regnen würde. Bei dem herrlichen Wetter ist das aber eigentlich unmöglich.

Sicher könnt ihr euch vorstellen, wie neugierig dieses seltsame Geräusch die kleinen Entdecker macht.

„Gut, dann laufen wir eben einfach in die Richtung weiter, aus der dieser Krach kommt", beschließt Zack für die anderen mit. „Wer weiß? Vielleicht treffen wir dort ja noch mehr liebenswerte Wasserbewohner."

Ohne noch länger zu überlegen, brechen die Tierkinder zur zweiten Etappe ihrer Reise auf.

Kapitel 16

Der Wald steckt voller Überraschungen

So schnell sie ihre kleinen Füßchen tragen können, marschieren die Tierkinder auf das geheimnisvolle Geräusch zu.
Weil sie vor lauter Neugier schon ganz zappelig sind, reiten die Kleinsten natürlich wieder auf dem Rücken ihrer größeren Freunde.
Je näher sie dem Lärm kommen, desto lauter wird das Rauschen und Tosen. Nach einer Weile klingt es wie ein gewaltiges Donnern.
„Vielleicht ist es doch keine so gute Idee gewesen, den Ursprung dieses Lärms zu erforschen", meint Julchen, das nicht besonders mutige Maulwurf-Mädchen. „Ich habe ein ganz komisches Gefühl. Was sollen wir denn machen, wenn es dort gefährlich ist?"
„Keine Angst!", versucht Felix, der tapfere, kleine Fuchs, seine Freundin zu beruhigen. „Wir sind alle bei dir. Du weißt doch, dass wir immer aufeinander aufpassen, damit keinem von uns etwas passiert."
Ja, bis hierher ist tatsächlich alles gut gegangen. Also nickt ihm Julchen zaghaft zu, damit sie niemand für einen Feigling hält.
Zwischen den Bäumen, die in diesem Teil des Waldes besonders dicht beisammenstehen, können die Tierkinder noch nicht erkennen, was sie am Ziel ihres Weges erwartet.
Als sich das Donnern in ein ohrenbetäubendes Krachen verwandelt, wird es allen ein wenig mulmig zumute. Wirft da vorn vielleicht ein

bärenstarker Riese große, schwere Steine von einem hohen Berg herunter?

Kein Wunder, dass sich auch diesmal alle Blicke erwartungsvoll auf Zack richten. Seine Freunde glauben ganz nämlich fest daran, dass er in jeder Lage genau weiß, was man am besten tun sollte. Außerdem kann er so gut wie kein anderer klettern. Es wäre doch möglich, dass er von der Spitze eines Baumes aus erkennen könnte, woher das Donnern kommt. Der kluge und hilfsbereite Zack versteht auf Anhieb, worum ihn seine Freunde bitten möchten.

„Also gut", beruhigt er die anderen Tierkinder. „Ich klettere mal schnell auf den Baum dort drüben. Von ganz oben schaue ich mir dann an, was da vor sich geht. Ich bin gleich wieder da."

In der nächsten Sekunde ist er schon verschwunden. Am Anfang können ihn die kleinen Entdecker noch dabei beobachten, wie er bewundernswert flink und geschickt an dem dicken Baumstamm emporklettert. Als er die Baumkrone erreicht, verdecken ihn aber die dichten Blätter. Von da an kann keiner mehr sehen, wie weit er inzwischen gekommen ist.

Wie gebannt starren alle nach oben, bis sie auf einmal seine Stimme hören: „Das ist ja der Wahnsinn! So etwas Schönes habe ich vorher noch nie gesehen. Hier droht uns garantiert keine Gefahr. Sobald ich wieder bei euch bin, müssen wir unbedingt weitergehen, damit ihr dieses Wunder auch bestaunen könnt."

Unbeschreiblich dankbar und erleichtert klatschen seine Freunde in die Hände.

„Unser Zack ist ein echter Held und der weltbeste Beschützer", jubelt der kleine Hase Schnuffel und alle stimmen ihm begeistert zu.

Das geht Zick nun doch ein bisschen auf die Nerven. Hat denn noch gar keiner bemerkt, dass er mindestens genauso gut klettern kann wie sein Bruder? Höchstwahrscheinlich ist er sogar schneller. Warum fragen sie immer nur Zack und nicht ihn, wenn sie Hilfe brauchen?

„Na, denen werde ich es zeigen", denkt er. „Bevor Zack wieder unten ist, bin ich längst bis ganz nach oben und wieder zurück geklettert."
Noch im gleichen Moment flitzt er los, um den nächstbesten Baumstamm zu erobern. Sich diesen Baum zuvor erst einmal genauer anzusehen, hält er jedoch für absolut unnötig.

Als Zack wieder unten auf dem Boden steht und sich alle bei ihm bedanken, fällt ihnen auf, dass Zick nicht mehr da ist.

„Oh nein!", murmelt Zack. „Was stellt er denn jetzt schon wieder an? Kann man ihn nicht einmal für eine Minute allein lassen?"

Suchend schauen sich die Tierkinder um. Einige von ihnen rufen laut nach Zick. Auf eine Antwort warten sie aber vergeblich.

Kurz darauf passiert alles irgendwie gleichzeitig. Einer der hohen Bäume fängt bedrohlich an, hin und her zu wackeln, und von ganz weit oben erklingt ein verzweifelter Hilfeschrei.

Starr vor Schreck folgen die Blicke der kleinen Entdecker dem schwankenden Baum, der sich wenig später nach links neigt und langsam, aber stetig umfällt.

Bei seinem Aufprall auf den Waldboden ertönt ein dumpfer Knall. Die Tierkinder sind vor Schreck immer noch sprachlos, als sich die Äste bewegen und Zick unter den Blättern hervorkriecht.

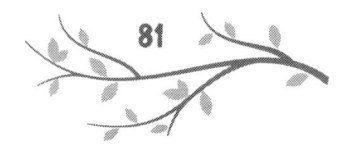

Auch diesmal hat er wieder riesengroßes Glück gehabt. Weil er schon ganz oben war, als der Baum umgefallen ist, haben die weichen Blätter seinen Sturz abgefedert. Er hat keinen einzigen Kratzer abbekommen. Ein bisschen durcheinander scheint er aber doch zu sein.

83

Kapitel 17

Das hat Mümmel nicht gewollt

„Verflixt noch mal, Zick!", rutscht es seinem Bruder heraus. „Was hast du dir dabei bloß wieder gedacht? Ich wäre dir unendlich dankbar, wenn du dich nur ein einziges Mal nicht in Schwierigkeiten bringen würdest, sobald ich für ein paar Minuten weg bin."

Obwohl seine Stimme dabei ziemlich verärgert klingt, umarmt er Zick noch im gleichen Moment ganz fest und liebevoll. Er findet gar keine Worte dafür, wie froh er darüber ist, dass sein Bruder diesen merkwürdigen Sturz so gut überstanden hat.

Um sich zu vergewissern, dass sich Zick tatsächlich nicht verletzt hat, betrachtet Zack seinen tollpatschigen Bruder prüfend von allen Seiten. Was für ein unglaubliches Glück! Mit Zick ist wirklich alles in Ordnung. Er wirkt nur leicht verwirrt, weil er furchtbar erschrocken ist.

„Ich bin doch nur auf den Baum geklettert", verteidigt sich Zick. „Das haben wir beide doch schon so oft gemacht. Woher sollte ich denn wissen, dass dieser Baum plötzlich umfallen würde?"

Da hat er natürlich recht. Manchmal ist Zacks Bruder eben einfach ein unglaublicher Pechvogel.

Aber Moment mal! Die Bäume im Wald fallen doch nicht so ohne Weiteres von allein um. Also muss es dafür einen Grund geben und den will Zack unbedingt herausfinden.

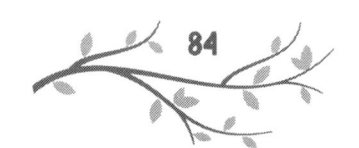

Während er noch darüber nachgrübelt, meldet sich hinter seinem Rücken ein leises Stimmchen zu Wort: „Das habe ich ganz sicher nicht gewollt. Das müsst ihr mir glauben. Ich konnte doch nicht ahnen, dass dieses Eichhörnchen so plötzlich auftauchen würde und den Baumstamm hinaufflitzt."
Als sich Zack verwundert umdreht, steht vor ihm ein flauschiges, braunes Tierchen mit einem liebenswerten Gesicht, das dem einer Maus ähnelt. An den für seinen kleinen Körper viel zu großen Füßen erkennt er Schwimmhäute. Also lebt dieses unbekannte Tier wahrscheinlich die meiste Zeit im Wasser, was perfekt zu seiner Beobachtung von dem Baum aus passt.
Das Ungewöhnlichste an diesem Waldbewohner ist sein breiter, platter Schwanz, den er bestimmt für irgendetwas braucht.
„Wer bist du denn überhaupt und was hast du mit dem Baum und mit meinem Bruder zu tun?", möchte Zack von ihm wissen.
„Ich bin Mümmel, der jüngste Sohn der Biber-Familie Dammbauer", antwortet der Kleine zaghaft. „Weil ich jetzt endlich stark genug bin, um meinen Eltern zu helfen, wollte ich heute meinen allerersten Baum fällen und ihnen mit dem vielen Holz eine Freude bereiten. Was dabei passiert ist, hat mich genauso sehr erschreckt wie euch. Das war ein schrecklich dummer Moment."
Mit seinen dunklen Augen schaut Mümmel die Tierkinder ganz zerknirscht und schuldbewusst an. Daraufhin zweifelt auch keiner daran, dass er die Wahrheit sagt, und niemand ist ihm böse.
Ganz im Gegenteil. Bis zu diesem Tag sind die Tierkinder noch keinem Biber begegnet. Deshalb wollen sie jetzt unbedingt alles über ihn erfahren.
„Wofür braucht ihr denn das viele Holz?", fragt Ellie wissbegierig.

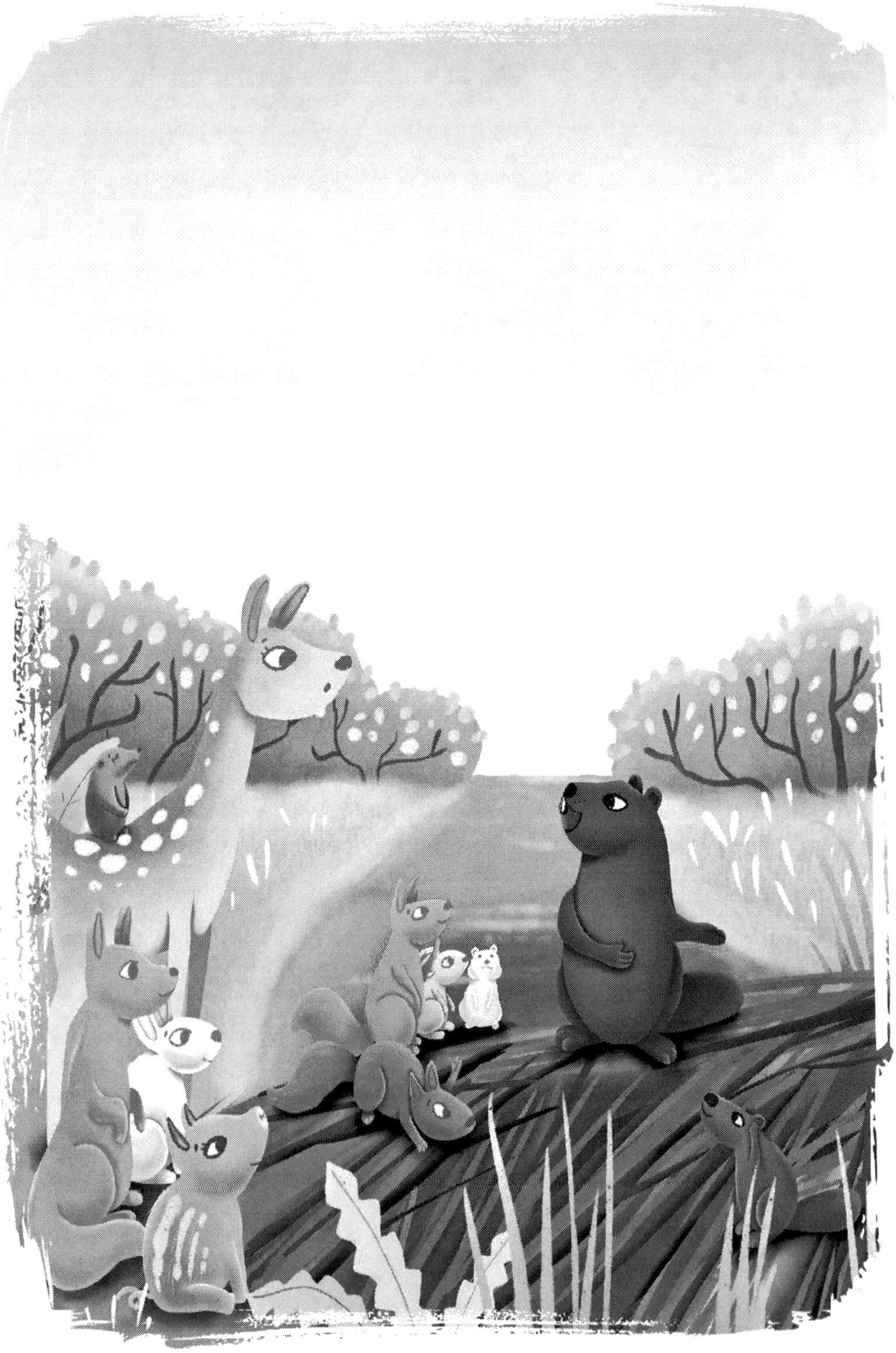

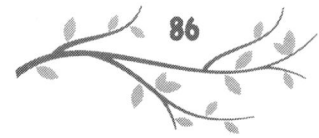

„Wir bauen gerade ein neues, noch größeres und schöneres Haus", verrät ihnen Mümmel voller Stolz. „Dafür müssen wir natürlich auch den Damm erweitern, damit wir immer genug Wasser für unsere Familie und für unsere Freunde haben. Kommt doch einfach mit! Dann zeige ich euch unser Zuhause neben dem Wasserfall und unseren eigenen Teich."

Wasserfall? Dieses Wort kennen die Tierkinder noch nicht.

Nur Zack, der von dem Baumwipfel aus gesehen hat, woher das Donnern kommt, ahnt, was Mümmel meint. Dass er vorhin dort oben war, um auszukundschaften, was sie hinter den Bäumen erwartet, haben die anderen vor lauter Schreck schon fast wieder vergessen.

„Kommt dieser komische Lärm etwa von eurem Wasserfall?", fragt Felix, der schlaue, kleine Fuchs, der immer schnell erkennt, worum es geht.

„Ja, es ist schon ziemlich laut, aber daran haben wir uns längst gewöhnt. Meistens hören wir den Krach gar nicht mehr. Für uns liegt unser Zuhause am perfekten Ort und deshalb stört uns das laute Rauschen des Wassers überhaupt nicht", erzählt ihnen Mümmel begeistert.

„Und dort ist es wunderschön", stimmt ihm Zack verträumt zu, der sich gerade an die fantastische Aussicht vom Baum aus erinnert.

Gerne lassen sich die Tierkinder von ihrem neuen Freund Mümmel zum Waldrand führen, an dem sie erst einmal sprachlos stehen bleiben.

Vor ihnen erscheint eine hohe, steile Felswand, von der - ohne eine einzige Unterbrechung - klares, schäumendes Wasser in die Tiefe fällt.

Diese Unmengen von Wasser erzeugen das donnernde Geräusch, das schon von weitem ihre Neugier geweckt hatte.

Im hellen Licht der Sonne glitzert jeder Wassertropfen wie ein Diamant und vor dem Wasserfall steigt ein leichter Nebel auf, der in allen Regenbogenfarben schimmert.

Kapitel 18

Noch schöner kann es nirgendwo sein

Für den Rest des Tages erholen sich die kleinen Entdecker in der idyllischen Welt der freundlichen Biber von ihrem Schreck. Auf Zick passen jetzt alle besonders gut auf, damit er sich nicht gleich noch einmal in Schwierigkeiten bringt.

Mit unübersehbarem Stolz stellt Mümmel seiner Familie die Tierkinder vor, die ihm im Wald begegnet sind. Über das Pech, das der fleißige Biber-Junge mit dem ersten Baum hatte, den er mit seinen scharfen Zähnchen gefällt hat, spricht niemand. Es war ja wirklich nicht seine Schuld und alle möchten dieses dumme Missgeschick möglichst schnell wieder vergessen.

So viele Besucher auf einmal haben die Biber noch nie gehabt. Die Entdeckungsreise ihrer mutigen, kleinen Gäste finden die Biber genauso interessant und spannend wie die Tierkinder das Leben am Teich neben dem Wasserfall. Während sie sich gegenseitig eine Frage nach der anderen stellen, vergeht auch dieser Tag wie im Flug.

Für ihre zweite Nacht im Freien suchen sich unsere Freunde ein gemütliches Plätzchen hinter dem Damm aus, den die Biber mit viel Mühe gebaut haben. Auf dem weichen Moos werden die kleinen Entdecker bestimmt wunderbar schlafen können.

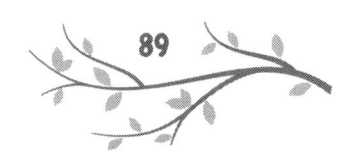

Mümmel hat seine Eltern so lange darum gebeten, in dieser Nacht ausnahmsweise draußen bei seinen neuen Freunden übernachten zu dürfen, bis sie es ihm endlich erlaubt haben.

Vor dem Einschlafen sitzen alle noch für eine Weile zusammen, um sich Geschichten zu erzählen. Hoch oben am Himmel funkeln die Sterne und der Mond spiegelt sich auf dem Wasser des Teiches.

„Noch schöner als hier bei euch kann es an keinem anderen Ort auf der ganzen weiten Welt sein", stellt Ellie mit einem verträumten Lächeln fest.

Dabei bemerkt sie, dass ihr das laute Donnern des Wasserfalls gar nicht mehr so sehr auffällt. Der kleine Biber hatte also wirklich recht und man kann sich an alles gewöhnen.

Als später alle müde und erschöpft einschlafen, hört sich das Rauschen des Wassers wie Musik aus dem Märchenland an.

Der Abschied von Mümmel, von seiner Familie und von seinen Freunden fällt den Tierkindern am nächsten Morgen mindestens genauso schwer, wie es bei den Enten und bei den anderen netten Wasserbewohnern war. Natürlich versprechen sich auch hier alle gegenseitig, dass sie sich wiedersehen werden, sobald die kleinen Entdecker von ihrer Reise zurückkehren.

Jetzt müssen sie ihre Wanderung aber schnellstens fortsetzen. Bisher haben sie ja noch nicht einmal die Hälfte des endlosen Waldes erforscht. Auch an diesem Morgen sind die kleinen Tiere wahnsinnig gespannt darauf, was sie als Nächstes erwarten wird.

Auf dem Rückweg vom Wasserfall kommen sie noch einmal an dem Baum vorbei, auf den Zick geklettert war und der am Tag zuvor umgefallen ist. Er liegt noch unberührt am Boden, weil die fleißigen Biber mit ihren Besuchern beschäftigt waren und deshalb keine Zeit hatten, das Holz nach Hause zu transportieren.

Dann erregt etwas sehr Eigenartiges die Aufmerksamkeit der Tierkinder. An einer Stelle des Baumstammes fliegt ein riesiger Schwarm von aufgeregten Bienen pausenlos um diesen herum.

Das wollen sie sich unbedingt näher anschauen, um den Grund dafür herauszufinden.

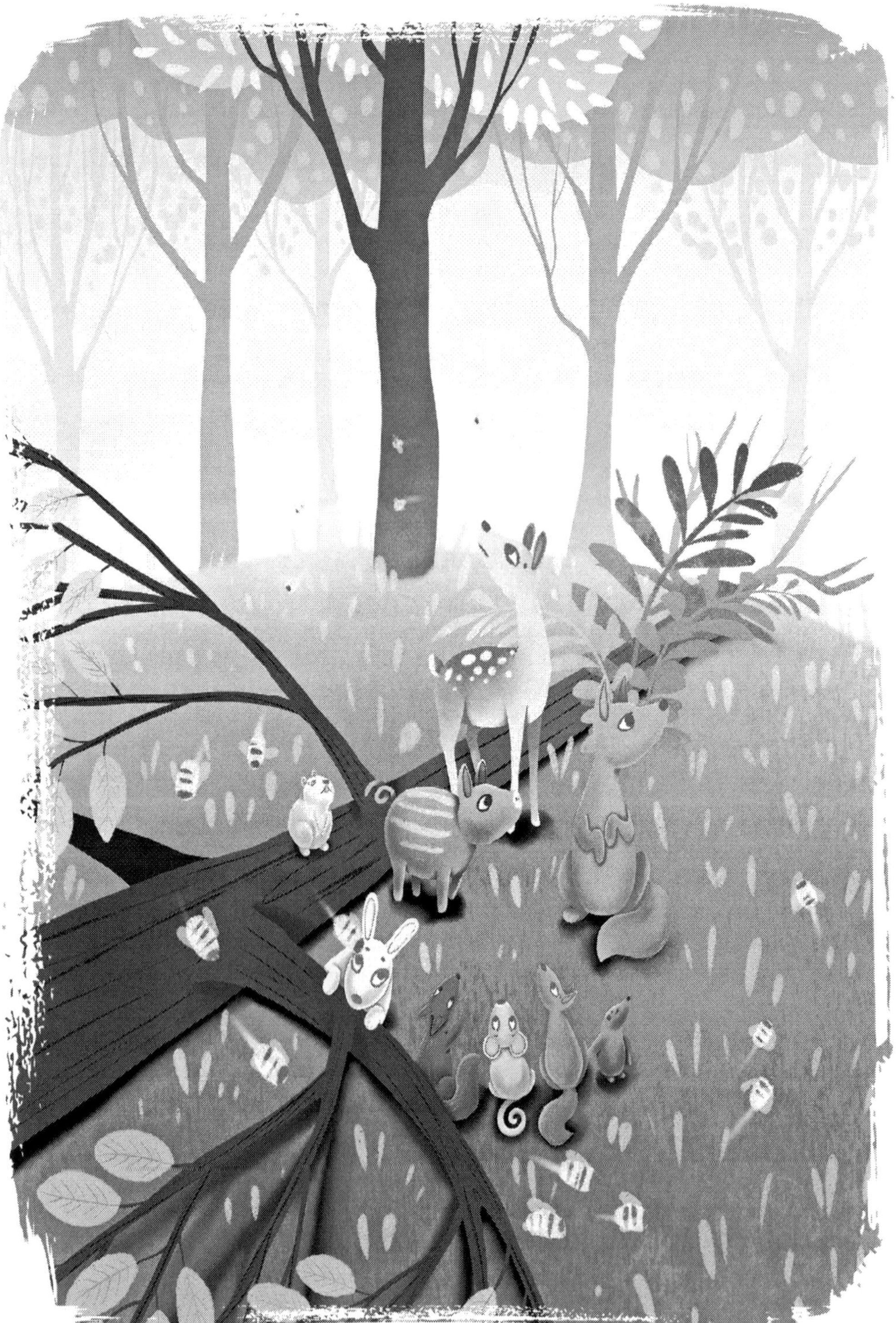

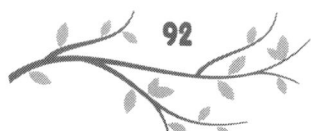

„Was macht ihr denn da?", fragt Ellie die Bienen.

„Siehst du das nicht selber?", wundert sich eine der besonders großen Bienen. „An diesem Baumstamm hatten wir in mühevoller Arbeit eines unserer Nester gebaut. Kannst du dir vorstellen, wie lange es dauert, die vielen einzelnen Waben zusammenzusetzen? Außerdem hatten wir in diesem Frühling schon sehr viel Honig gesammelt, um ihn in unserem Nest sorgfältig aufzubewahren. Dann hat gestern irgendein Dummkopf den Baum gefällt, der unser Zuhause war, und wir müssen wieder von vorn anfangen. So eine grenzenlose Rücksichtslosigkeit traue ich nur den Menschen zu. Hast du vielleicht eine Ahnung, wer das war?"

Dass die Bienen so viel Pech hatten, tut den Tierkindern natürlich sehr leid.

Zack wird aber sofort hellhörig. Für ihn klingt das nach einem eindeutigen Beweis dafür, dass es die Menschen tatsächlich gibt und dass sie manchmal durch den Wald wandern. Darüber muss er sich noch einmal in Ruhe mit Ellie unterhalten.

In diesem Moment ist die kleine Maus viel zu abgelenkt und hat das mit den Menschen wahrscheinlich gar nicht mitbekommen. Verlegen schüttelt sie den Kopf.

Sie weiß genau, dass man immer die Wahrheit sagen soll. Trotzdem kann sie Mümmel nicht verraten, denn er wollte den Bienen ganz gewiss keinen Schaden zufügen.

„Oh je!", denkt sie gerade. „Hoffentlich bekommt der kleine Biber nicht auch noch Ärger mit den Bienen. Die Sache mit Zick war ja schon schlimm genug."

Kapitel 19

Ohne Zick hätten wir euch nie kennengelernt

Vor dem umgestürzten Baum und den verärgerten Bienen schaut sich Ellie beunruhigt um. Bevor Zick munter drauflos plappert, denkt er ja meistens nicht viel nach. Deshalb hat sie Angst, dass er Mümmel versehentlich verraten könnte. Wenn es nach ihr gehen würde, sollen die Bienen besser nicht erfahren, dass der kleine Biber den Baum gefällt hat. Zick ist aber nirgendwo zu sehen. Wo steckt er denn bloß? Was stellt er jetzt schon wieder an? Bevor sie Zack fragen kann, ob er vielleicht weiß, was sein Bruder gerade macht, wird es im Wald auf einmal laut. „Hilfe! Lasst mich in Ruhe!", schreit eine entsetzte Stimme, die alle sofort erkennen. „Was wollt ihr von mir? Ich habe euch doch überhaupt nichts getan."

Das darf doch wohl nicht wahr sein! Zick hat es also auch diesmal wieder geschafft, sich in Schwierigkeiten zu bringen.

Als die Tierkinder gerade angestrengt lauschen, um herauszufinden, woher das Geschrei kommt, erklingt eine fremde, kräftige Stimme. „Vor uns musst du keine Angst haben. Wir können doch nichts dafür, dass du so verlockend nach Honig duftest."

Noch vor allen anderen stürmt Zack in die Richtung, aus der diese seltsame Unterhaltung hörbar ist. Für ihn ist jetzt nur noch eines wichtig: Er muss dringend seinen Bruder retten.

Sobald er erkennen kann, was Zick dazu gebracht hat, so laut zu schreien, macht er trotzdem erst einmal eine Vollbremsung. Weil sie damit nicht gerechnet haben, stolpern seine Freunde über die Zweige am Boden und prallen gegen seinen Rücken, einer nach dem anderen … Obwohl keiner der kleinen Entdecker besonders schwer ist, verursacht das einen gewaltigen Krach. Dadurch werden die beiden bedrohlich wirkenden Tiere, die direkt vor Zick auf einer kleinen Waldlichtung stehen, sofort auf sie aufmerksam.

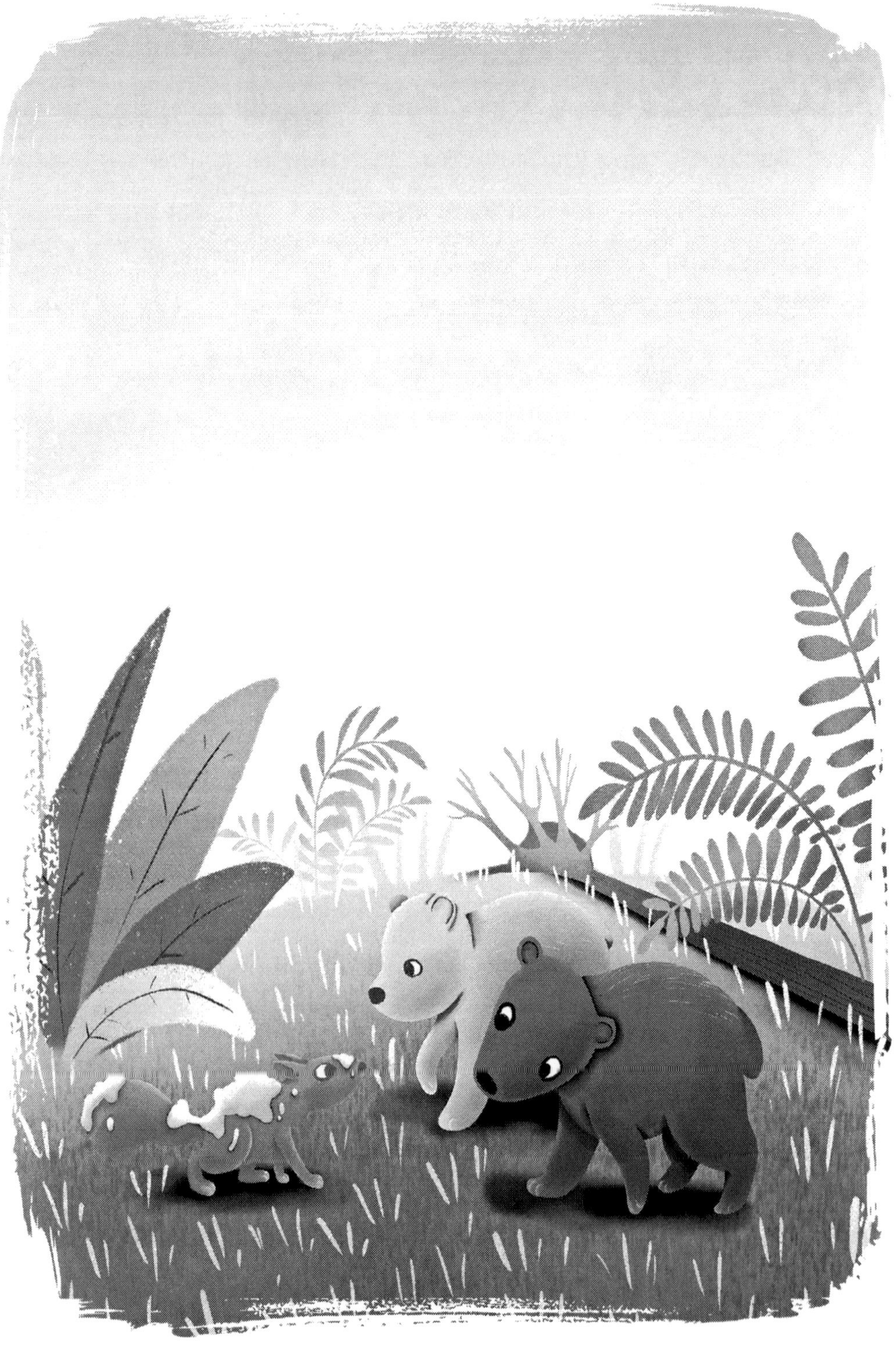

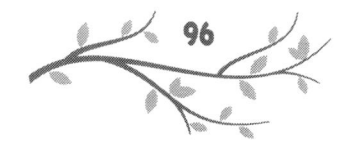

Starr vor Schreck mustern die Tierkinder die beiden furchteinflößend großen Vierbeiner mit dem zotteligen, braunen Fell, den kleinen Ohren, der langgezogenen Schnauze und den kleinen, schwarzen Augen, die neugierig zu ihnen herüberschauen.

„Gehört ihr zu dem kleinen Tollpatsch, der sich am ganzen Körper mit Honig vollgeschmiert hat?", fragt eines der beiden unbekannten Tiere und richtet einen Seitenblick auf Zick.

In diesem Augenblick nimmt Zack seinen gesamten Mut zusammen, um seinem Bruder beizustehen. Wie ein echter Held geht er langsam auf die Fremden zu.

„Ja, genau so ist es", ruft er scheinbar furchtlos. „Ich bin das Eichhörnchen Zack. Wer meinem Bruder Zick Angst einjagt, der bekommt es mit mir zu tun."

„Das glauben wir dir aufs Wort, denn die Ähnlichkeit zwischen euch beiden ist nicht zu übersehen", mischt sich der zweite zottelige Riese ein. „Mach dir keine Sorgen! Hier will niemand deinem Bruder wehtun. Wir sind die Bären-Brüder Knuddel und Brauni und leckerer Honig ist nun mal unsere absolute Lieblingsspeise. Vor ein paar Minuten hat es plötzlich ganz in unserer Nähe verführerisch nach frischem Honig gerochen. Da ist uns natürlich das Wasser im Mund zusammengelaufen. Leider mussten wir feststellen, dass dieser Honigtopf auf zwei Beinen durch den Wald hüpft."

An der Stelle bricht Brauni in schallendes Gelächter aus und auch sein Bruder Knuddel kann sich kaum noch halten.

Mit Tränen in den Augen fügt er hinzu: „Es tut uns leid, dass wir Zick so erschreckt haben, als wir überraschend hinter ihm aufgetaucht sind.

Mit einem Eichhörnchen, das sich überall mit Honig bekleckert hat, konnte ja nun wirklich keiner von uns rechnen."

Jetzt lacht auch Zack erleichtert mit. Von diesen beiden netten Bären-Jungen droht ihnen gewiss keine Gefahr.

„Und wer sind die anderen, die hinter den Bäumen zitternd auf dich warten?", möchte Knuddel von Zack wissen.

„Das sind meine allerbesten Freunde auf der ganzen Welt", verkündet Zack voller Stolz. „Wir haben den Klub der Entdecker gegründet, um den Wald zu erforschen und alle Tiere kennenzulernen."

Diese Idee scheint Brauni zu gefallen, denn er nickt mit deutlich sichtbarer Bewunderung.

„Dann seid ihr ja gerade wieder einer neuen Tierart begegnet", meint er schmunzelnd. „Kommt ruhig alle her! Ich schwöre euch, dass wir kein bisschen gefährlich sind. Eigentlich möchten wir immer nur spielen und neue Freunde finden. Wenn man so aussieht wie wir, ist das aber gar nicht so einfach. Leider haben die meisten kleineren Tiere erst einmal Angst vor uns."

„Das ist unheimlich schade", stimmt Ellie ihnen zu. „Ich kann es euch jedenfalls ansehen, dass ihr total lieb seid. Manchmal sind Zicks Missgeschicke eben doch für etwas gut. Ohne das, was ihm eben wieder passiert ist, wären wir euch höchstwahrscheinlich nie begegnet."

Kapitel 20

Zick ist wirklich ein unvergleichlicher Pechvogel

Langsam und vorsichtig gehen jetzt auch die anderen Tierkinder auf Brauni und Knuddel zu.
Auf den zweiten Blick sehen die beiden kleinen Bären richtig niedlich aus. Man muss nur den Mut aufbringen, genauer hinzuschauen. Wenn jemand größer und stärker ist, dann heißt das ja noch lange nicht, dass er etwas Böses im Schilde führt.
Auch nach diesem Schreck strahlt Zack vor Freude, weil seinem tollpatschigen Bruder nichts Ernstes zugestoßen ist.
„Jetzt erkläre mir doch bitte einmal, wie du es geschafft hast, dich überall mit Honig zu bekleckern!", fordert er Zick vorwurfsvoll auf.
„Das weiß ich auch nicht so genau", stammelt Zick verlegen. „Während ihr euch mit den Bienen unterhalten habt, bin ich zu dem Baumstamm gelaufen, um den Honig zu probieren. Der war unbeschreiblich lecker und ich konnte gar nicht genug davon bekommen. Deshalb war ich abgelenkt und ich habe wohl nicht gut genug aufgepasst. Jedenfalls bin ich auf einmal ausgerutscht und schon lag ich in einer Pfütze aus Honig. Na ja, dann war ich überall ganz klebrig und wollte ich einen Bach suchen, in dem ich mich waschen kann."
Weil ihm alle stumm und aufmerksam zuhören, fährt er kleinlaut fort: „Ich habe damit gerechnet, dass ihr mich alle auslacht, wenn

ihr mich so seht. Das wollte ich unbedingt verhindern. Einen Bach konnte ich aber nirgendwo entdecken. Plötzlich waren direkt hinter mir stampfende Schritte zu hören, die mich verfolgten. Als ich mich umgedreht habe, waren die Bären schon ganz nah und ich habe furchtbare Angst bekommen. Dass Brauni und Knuddel mir gar nichts tun wollten, konnte ich doch nicht wissen."

Mehr muss er wirklich nicht erzählen. Jetzt ergibt das Ganze einen Sinn.

Dass sich die anderen Tierkinder und die beiden Bären-Jungen über sein neuestes Abenteuer fast kaputtlachen, macht Zick diesmal gar nichts aus. Er ist so froh darüber, dass am Ende wieder einmal alles gut gegangen ist. Nun stimmt er sogar selbst in ihr Lachen mit ein. Für den Rest des Tages spielen und toben die kleinen Entdecker fröhlich mit den Bärenkindern. Nach diesem aufregenden Erlebnis müssen sich nämlich erst einmal alle erholen.

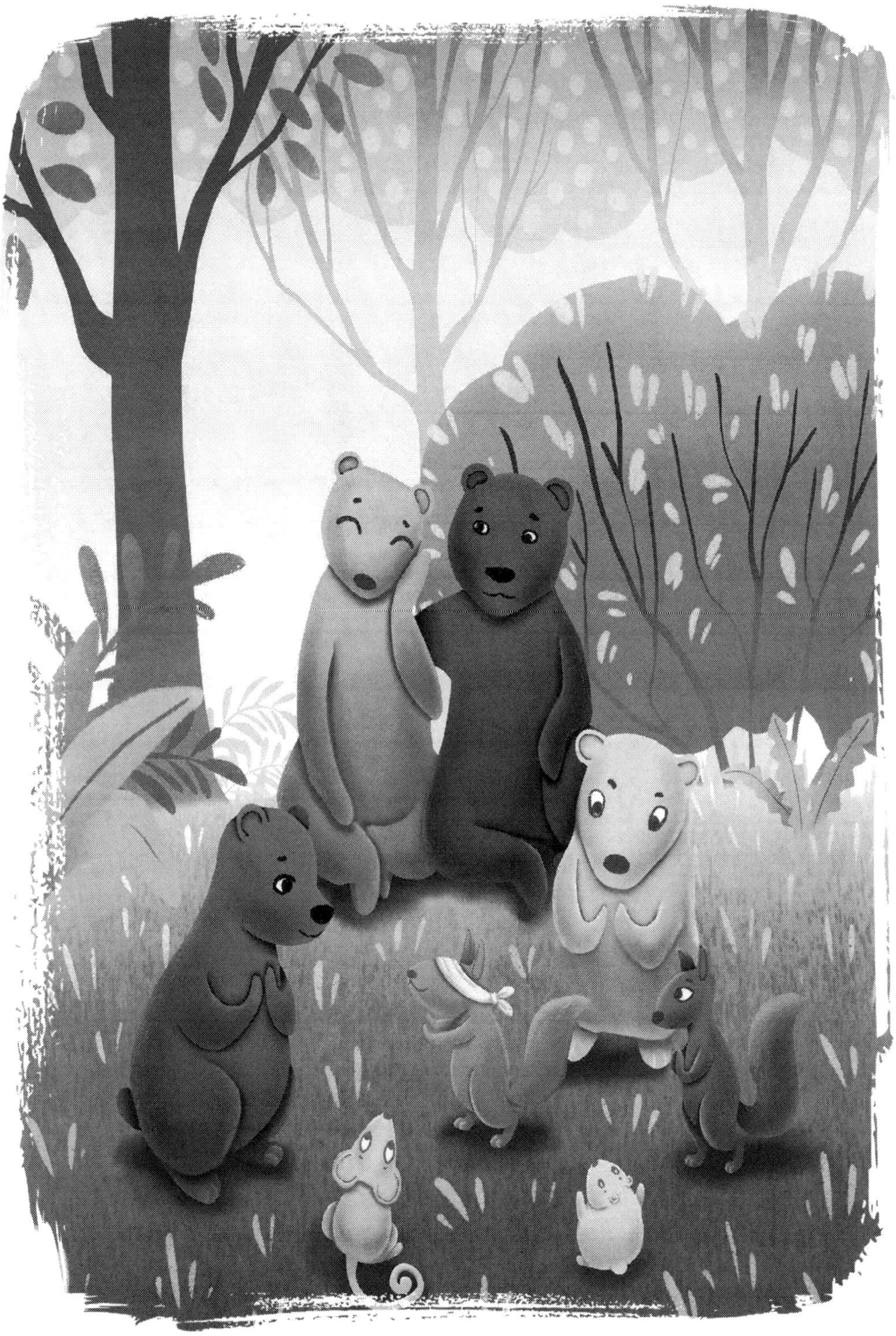

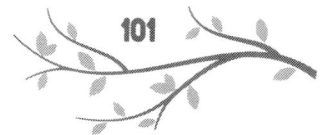

Als die Sonne allmählich untergeht, können sie es kaum glauben, dass auch dieser Tag wieder so schnell verflogen ist. Darüber, wo sie in dieser Nacht schlafen werden, haben sie noch gar nicht nachgedacht. Ein wenig schüchtern schlagen Brauni und Knuddel ihren neuen Freunden vor, sie mit zu sich nach Hause zu nehmen, wenn sie ihnen versprechen, keine Angst vor ihren Eltern zu haben.

„Unsere Mama und unser Papa sind noch viel größer als wir", warnt sie Knuddel. „Wer so nette Kinder hat, kann auf gar keinen Fall gefährlich sein", ermutigt Ellie die anderen Tierkinder.

Obwohl sie auch dieser Meinung sind, erschrecken sie später doch für einen Moment, als die riesengroßen Bären-Eltern vor ihnen stehen. Sie heißen aber alle so herzlich willkommen, dass sie ihnen schnell voll und ganz vertrauen.

Zum Glück gibt es ganz in der Nähe der Bärenhöhle einen Bach, an dem sich Zick endlich von dem Honig in seinem Fell befreien kann. Es ist wirklich rührend, wie sehr sich die Eltern der beiden Bären-Brüder darüber freuen, dass ihre Kinder endlich Freunde gefunden haben.

So sicher und geborgen haben sich die kleinen Entdecker schon lange nicht mehr gefühlt. Deshalb fällt ihnen auch der Abschied von der liebenswerten Bärenfamilie am darauffolgenden Morgen nicht leicht und sie geben Brauni und Knuddel ihr Wort darauf, sie nach dem Ende ihrer Reise so bald wie möglich zu besuchen.

Nachdem sie so wunderbar geschlafen haben, marschieren die Tierkinder auf ihrer Suche nach neuen Abenteuern mit frischer Kraft weiter durch den Wald.

„Autsch!", schreit plötzlich jemand auf. - Wer das war, habt ihr sicher längst erraten.

„Aua! Pass doch auf, du Dummkopf!", ruft jemand noch in der gleichen Sekunde. Diese leise, piepsende Stimme kennen die kleinen Entdecker bisher noch nicht.

Zick, der abenteuerlustig vor den anderen hergerannt ist, bleibt wie angewurzelt stehen. Wie er auf einem Bein hin und her hüpft, um den anderen Fuß untersuchen zu können, sieht einfach drollig aus. Selbstverständlich eilt Zack seinem Bruder auch diesmal sofort zu Hilfe. Fürsorglich geht er vor Zick auf die Knie, um den Fuß zu begutachten. Glücklicherweise ist es wohl nicht allzu schlimm, denn eine Verletzung kann Zack nicht erkennen.

„Was war denn das jetzt schon wieder?", fragt er den immer noch hüpfenden Zick.

„Ich glaube, mich hat gerade eine Riesen-Wespe gestochen", jammert der kleine Pechvogel.

8 Minuten Geschichten

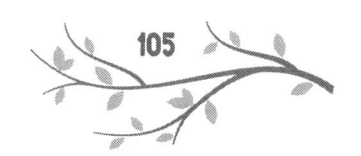

Kapitel 21

Eine stachelige neue Freundin und ein seltsames Geräusch

Zack kann sich überhaupt nicht vorstellen, dass die Vermutung seines Bruders stimmt.

„Das ist doch Blödsinn", meint er deshalb misstrauisch. „Die Wespen sind garantiert nicht so dumm, dass sie auf dem Boden herumkrabbeln. Sonst würden sie doch ständig von größeren Tieren getreten. Außerdem wäre die Stimme einer kleinen Wespe noch viel leiser gewesen."

Inzwischen suchen die anderen Tierkinder auf dem Weg nach der Ursache für das neueste Missgeschick des tollpatschigen Eichhörnchens. Was sie sehen, sind aber nur große Mengen von Blättern, die von den Bäumen heruntergefallen sind.

„Passt bloß auf, damit ihr mich nicht zertrampelt!", meldet sich plötzlich die mürrische Stimme von vorhin wieder.

„Wenn wir auf dich achten sollen, musst du uns schon verraten, wo du dich versteckt hast", entgegnet der kleine Hase Schnuffel, der sich langsam ärgert.

„Habt ihr denn keine Augen im Kopf?", piepst es auf der Stelle zurück.

Während die Tierkinder vergeblich überlegen, woher die Stimme kommen könnte, raschelt es verdächtig in den Blättern. Dabei fangen sie gleichzeitig an, sich zu bewegen. Es wirkt beinahe so, als ob eine lebendige Kugel unter dem Laub auf sie zurollen würde.

Kurz vor ihren Füßen macht das runde Etwas halt. Zwischen den Blättern taucht ein niedliches, graues Gesicht mit einem hervorstehenden Näschen und kleinen, schwarzen Augen auf, die sie herausfordernd mustern.

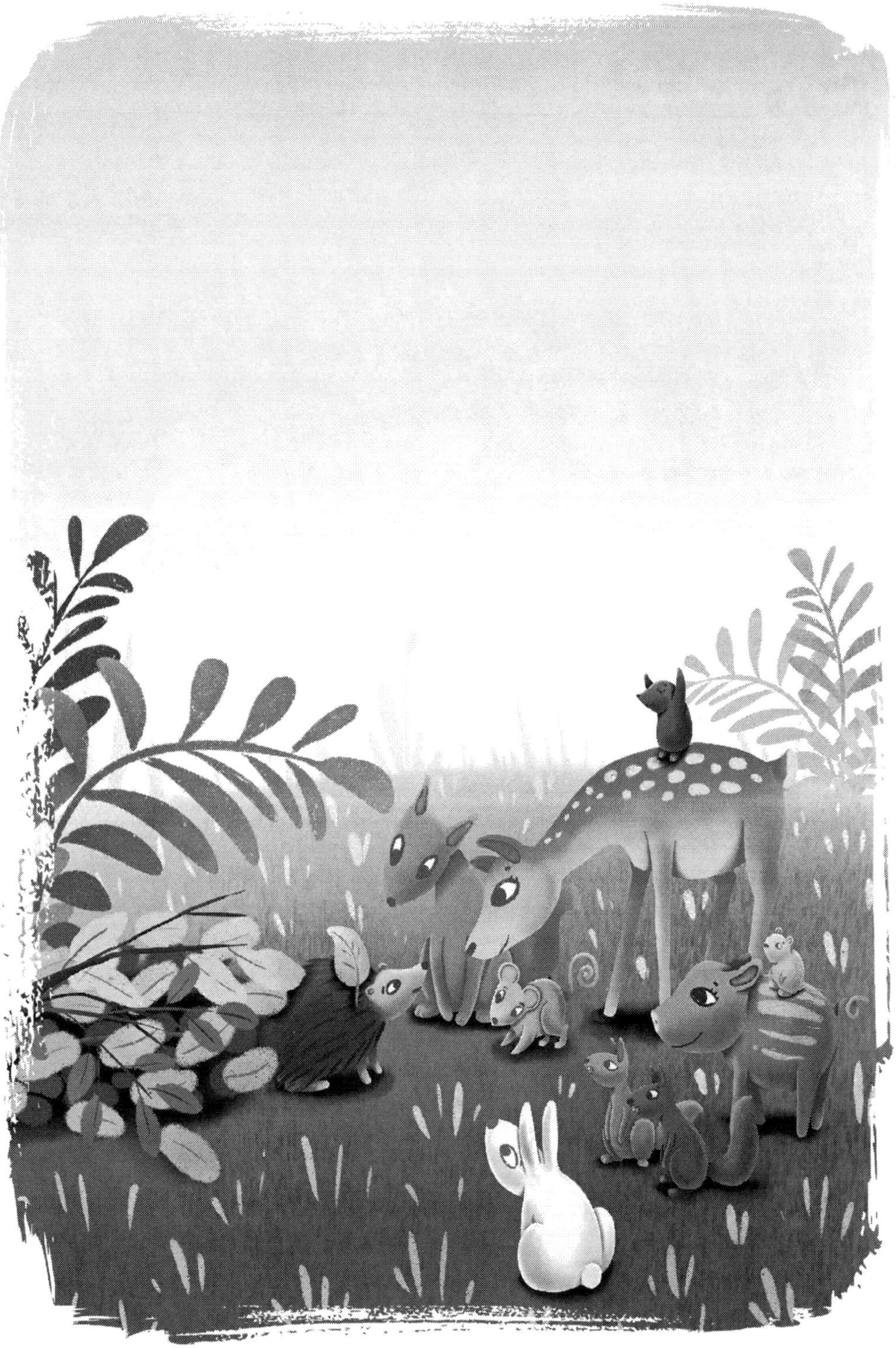

„Haben euch eure Eltern nicht beigebracht, dass man darauf achtgeben muss, wohin man tritt?", schimpft das fremde Tierchen.

Mit diesen Worten gräbt es sich weiter nach oben, bis es sich vollständig vom Laub befreit hat.

Bei diesem Anblick müssen unsere Freunde erst einmal staunen. Einem Waldbewohner, dessen gesamter Körper von dünnen, spitzen Stacheln in brauner, schwarzer und grauer Farbe bedeckt ist, sind sie vorher noch nicht begegnet.

„Es tut mir sehr leid", entschuldigt sich Zack für seinen Bruder. „Manchmal ist Zick einfach zu schusselig, um sich den Weg genauer anzuschauen. Aus irgendeinem Grund scheint er es ständig eilig zu haben. Ich bin mir aber absolut sicher, dass er dich nicht mit Absicht getreten hat und dass er dir auf gar keinen Fall wehtun wollte."

Jetzt wagt sich auch Zick nach vorn. Sichtlich verlegen stammelt er: „Ja, da hat er wirklich recht. Ich konnte ja nicht wissen, dass du dich unter dem Laub versteckt hast. Außerdem hat mich einer deiner Stacheln ganz böse in den Fuß gestochen. Ich denke, damit sind wir quitt. Meinst du nicht auch?"

Nachdem er das gesagt hat, erscheint auf dem Gesicht des kleinen Stacheltierchens zum ersten Mal ein Lächeln.

„Ist schon gut", verzeiht es ihm großzügig. „Wir sind beide ein bisschen schuldig an unserem unglücklichen Zusammenstoß. Vielleicht musste das ja passieren, damit wir uns kennenlernen. Ich heiße Borsteline und meine Mama sagt, ich wäre das klügste Igel-Mädchen des ganzen Waldes. Und wer seid ihr?"

Erleichtert atmen die Tierkinder auf. Auf ihrer Entdeckungsreise wollen sie sich nämlich unter gar keinen Umständen mit anderen streiten.

Der Reihe nach stellen sich alle dem Igel-Mädchen vor. Aus der Nähe betrachtet sieht sie richtig süß aus, wenn ihr Näschen in der Luft herumschnuppert. Sie müssen schmunzeln, weil auf ihren Stacheln noch drei Blätter aufgespießt sind.

„Wenn du mit deinen Freunden spielst und dich versteckst, ist garantiert keiner besser als du", stellt Ellie bewundernd fest. „Unter dem Laub bist du ja völlig unsichtbar."

„Stimmt, das macht mir großen Spaß", gibt Borsteline ehrlich zu. „Deshalb übe ich das auch manchmal, wenn ich allein bin."

„Wofür brauchst du denn die vielen spitzen Stacheln?", möchte das schlaue Füchslein Felix wissen.

„Wir Igel sind nicht die Größten und Stärksten", antwortet ihm das Igel-Mädchen. „Aber wer einmal mit unseren Stacheln in Berührung gekommen ist, lässt uns von dem Moment an in Ruhe. Für uns sind sie der perfekte Schutz."

Das leuchtet den kleinen Entdeckern ein und sie nicken anerkennend. Dass auch die allerkleinsten Waldbewohner erstaunliche Fähigkeiten haben, ist ihnen auf ihrer Reise schon längst klargeworden.

Aber auch sie können Borsteline mächtig beeindrucken, als sie ihr erzählen, warum sie hier sind und was sie bisher alles erlebt haben.

„Am liebsten würde ich einfach mit euch mitgehen", murmelt sie verträumt. „Es ist wirklich zu schade, dass ich mit meinen kurzen Beinchen nicht mit euch Schritt halten kann."

Diese Überlegung müssen die Tierkinder leider bestätigen. Einen Igel mit so spitzen Stacheln können das Rehkitz-Mädchen Lea und das kleine Wildschwein Molli unmöglich auf ihrem Rücken tragen. Sie würden sonst pausenlos gestochen werden.

Um noch mehr über das Leben der Igel zu erfahren, legen unsere Freunde an dieser Stelle eine Pause ein. Das nächste Abenteuer wird ihnen schon nicht davonlaufen und es ist wirklich rührend, wie sehr sich Borsteline über ihre Gesellschaft freut.

Als sie sich alle ein bisschen besser kennen, schaut das Igel-Mädchen Zick und Zack lächelnd an.

„Wenn ihr euch nicht so ähnlich sehen würdet, hätte ich nie geglaubt, dass ihr Brüder seid", spricht sie ihre Gedanken laut aus. „Wie kann ein liebenswürdiger, kleiner Tollpatsch wie Zick einen so cleveren und höflichen Bruder haben?"

Über diese nur allzu berechtigte Frage müssen alle lachen.

Auch Bosteline gehört zu den Tieren, die in diesem Frühling auf die Welt gekommen sind.

Die beinahe unglaubliche Vielfalt der Bewohner des Waldes bringt die kleinen Entdecker immer wieder zum Staunen.

Am Ende dieses Tages übernachten die Tierkinder neben dem Bau, in dem ihre stachelige neue Freundin mit ihrer Familie lebt. Auf ihrem Bett aus weichem Moos lässt es sich ganz wunderbar schlafen und träumen.

Nur für ein paar Minuten wird ihre Ruhe in dieser Nacht gestört, als Zick völlig überraschend aufspringt und sich suchend umschaut. Das wiederholt er für eine Weile ununterbrochen und jedes Mal ruft er dabei: „Herein!"

Irgendwann hat er es geschafft, damit auch noch die letzten Freunde zu wecken, die besonders tief geschlafen haben.

„Was hat er denn jetzt schon wieder?", murmelt der kleine Hamster-Junge Jerry vor Müdigkeit ganz undeutlich vor sich hin.

„He, Zick, was soll das?", will Zack von ihm wissen. „Hier ist doch überhaupt niemand. Warum ruhst du dich nicht einfach aus?"

„Borsteline findet es toll, dass du so höflich bist", verteidigt sich Zick beleidigt. „Deshalb möchte ich das von jetzt an auch sein. Hörst du denn nicht, dass jemand ständig bei uns anklopft? Da muss ich ihn doch freundlich hereinbitten. Es ist komisch, dass er nicht endlich kommt und stattdessen immer weiterklopft. Vielleicht kann er mich ja nicht verstehen."

„Siehst du hier irgendwo eine Tür?", fragt ihn Zack verschlafen. „Das hast du bestimmt nur geträumt. Also leg dich bitte wieder hin und mach die Augen zu!"

Nur sehr widerwillig tut Zick das, worum ihn sein Bruder gebeten hat. Als er wenig später laut schnarchend einschlummert, hat das seltsame Klopfen aber noch lange nicht aufgehört.

Kapitel 22

Wo kommt das laute Hämmern her?

Am nächsten Morgen kommen die kleinen Entdecker viel langsamer als sonst auf die Beine. Weil sie Zick in der vergangenen Nacht mehrmals hintereinander gestört hat, sind die meisten noch ziemlich verschlafen.

Die Aussicht auf ein weiteres Abenteuer gibt ihnen aber bald wieder neue Kraft.

„Was wollte dein Bruder denn eigentlich, als er uns alle geweckt hat?", fragen sie Zack jetzt neugierig. „Es kam uns so vor, als ob ihr miteinander gesprochen hättet. Oder haben wir das nur geträumt?"

„Nein, das stimmt schon", bestätigt Zack ihre Vermutung.

Während er seinen Freunden erzählt, was Zick sich seiner Meinung nach nur eingebildet hatte, weht der Wind aus der Ferne ein gleichmäßiges Geräusch zu ihnen herüber.

Das gibt es doch nicht! Genau das muss das Klopfen sein, auf das der liebenswerte, kleine Tollpatsch im Halbschlaf reagiert hat.

Inzwischen konzentrieren sich alle wie gebannt auf das geheimnisvolle Hämmern im Wald, das sich in regelmäßigen Abständen wiederholt.

Jetzt tut es Zack natürlich leid, dass er seinem Bruder nicht geglaubt hat. Deshalb entschuldigt er sich erst einmal bei Zick. Freundschaftlich schütteln sich die beiden Eichhörnchen-Brüder die Hand.

Manchmal kann Zick zwar ziemlich anstrengend sein, aber um sich darüber zu ärgern, hat Zack ihn viel zu lieb.

„Seht ihr, irgendjemand möchte uns unbedingt besuchen", verkündet Zick selbstbewusst. Weil er jetzt weiß, dass er sich doch nicht geirrt hat, ist er direkt wieder ganz obenauf.

„Trotzdem kann ich hier nirgendwo eine Tür entdecken", stellt der kleine Hase Schnuffel verschmitzt fest.

Es versteht sich von selbst, dass das alle lustig finden. Ihr Wunsch, ausnahmslos alles im Wald zu erkunden, ist ihnen aber wesentlich wichtiger. Also müssen sie an diesem Tag nicht erst noch überlegen, in welche Richtung sie heute gehen werden. Im Handumdrehen sind sich alle einig. Sie wollen um jeden Preis herausfinden, wer da schon seit Stunden hämmert und klopft.

Wenig später sind die Tierkinder wieder unterwegs. Im Gänsemarsch folgen sie dem Geräusch, das von Minute zu Minute lauter wird, und das bedeutet, dass sie den richtigen Weg eingeschlagen haben. Bei dieser Entdeckungstour lässt Zack seinen Bruder nicht eine Sekunde lang aus den Augen. An den letzten Tagen ist dem kleinen Pechvogel einfach viel zu viel passiert. Bisher hat Zick jedes Mal großes Glück gehabt. Darauf kann man sich aber nicht ständig verlassen. Aus diesem Grund hat Zack sich geschworen, in Zukunft immer in der Nähe seines Bruders zu bleiben.

Als sich das Hämmern in einen durchdringenden Lärm verwandelt, begreifen die Tierkinder, dass sie den Ort gefunden haben, von dem das Klopfen ausgeht. Deswegen bleiben sie zwischen den hohen Bäumen stehen.

An ihren Fußsohlen spüren sie plötzlich ein leichtes Kitzeln. Es fühlt sich so an, als ob die Erde etwas beben würde. Bei diesem gewaltigen Krach wäre das auch kein Wunder.

Seltsam! Obwohl sie sich mit weit offenen Augen gründlich umschauen, können sie weit und breit kein fremdes Tier entdecken. Nachdenklich legt Zack eines seiner Pfötchen an den Baumstamm der allergrößten Tanne in diesem Teil des Waldes. Und siehe da! Unter seinen Fingern zittert das Holz ganz leicht.

„Wartet bitte hier auf mich und passt gut auf Zick auf!", ruft er den anderen zu. „Das Geräusch kommt eindeutig von ganz oben aus diesem Baum. Wegen der vielen dichten Äste kann ich von hier aus aber nichts erkennen. Ich klettere jetzt so weit, bis ich euch sagen kann, wer oder was da hämmert."

In solchen Momenten bewundern die kleinen Entdecker den mutigen Eichhörnchen-Jungen, der überhaupt keine Angst zu kennen scheint. Dass dieser kleine Held ihr Freund ist, macht alle stolz und glücklich.

Bevor Zack aus ihrem Blickfeld verschwindet, dreht er sich noch einmal um.

„Achtet bitte darauf, dass mir Zick nicht hinterherkommt!", ermahnt er sie.

Kurz darauf ist er zwischen den Ästen nicht mehr zu erkennen. Oben muss Zack sein Tempo abrupt abbremsen, um nicht mit dem großen, bildhübschen Vogel zusammenzustoßen, der mit seinem langen, spitzen Schnabel pausenlos an den Baumstamm klopft. Im hellen Licht der Sonne glitzert sein Gefieder in strahlendem

Weiß, Braun und Schwarz und an einer Stelle sogar in leuchtendem Rot. Dem unerschrockenen, kleinen Forscher steht vor Staunen der Mund offen. Einen so schönen Vogel hat er noch nie zuvor gesehen. Wegen des Lärms bemerkt ihn der hämmernde Vogel leider nicht. Erst als er seinen gesamten Mut zusammennimmt und ein Bein des fleißigen Fremden mit einem seiner Pfötchen berührt, unterbricht der Vogel seine Arbeit.

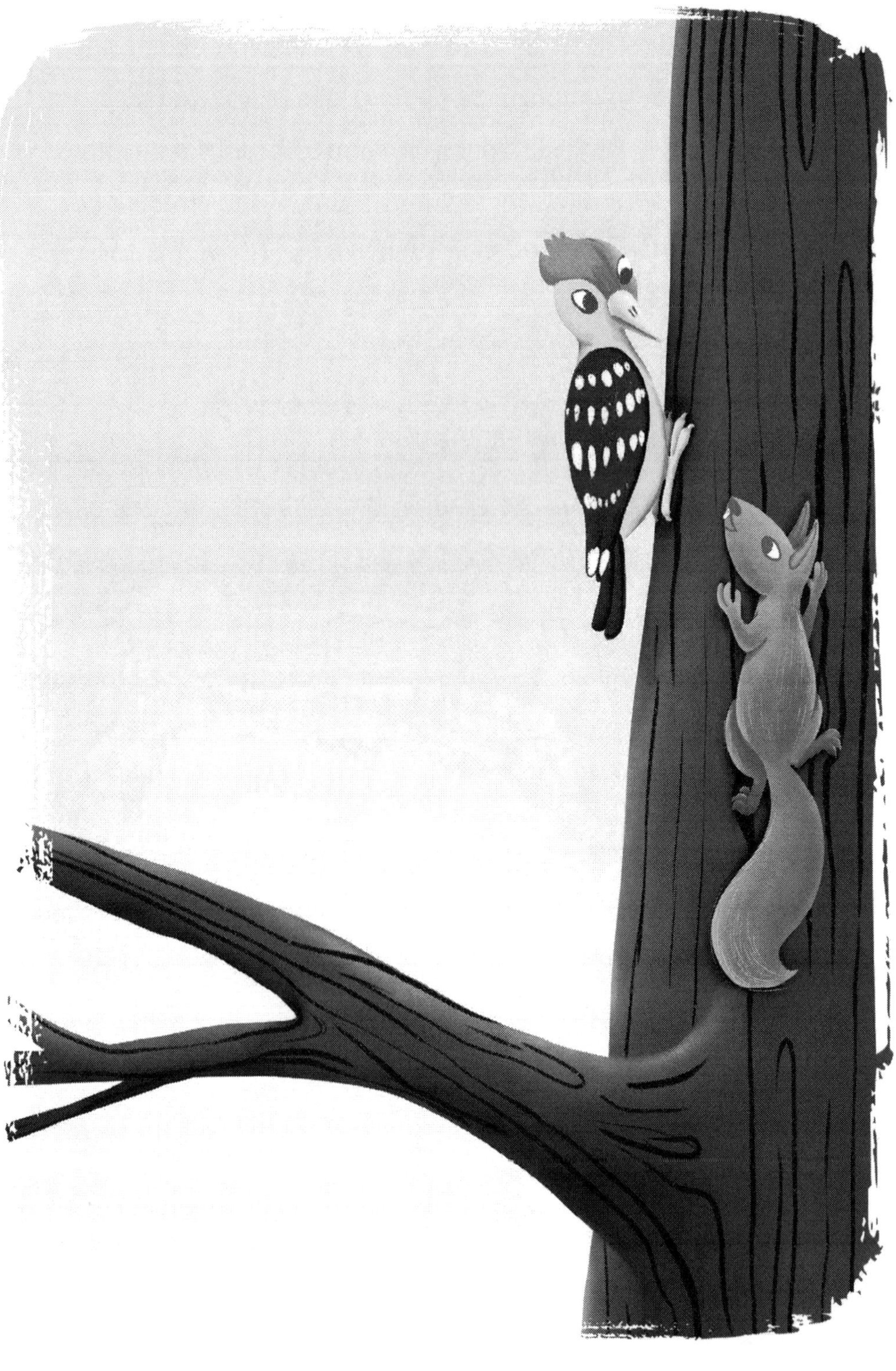

Als er sich suchend umschaut, um herauszufinden, wer es gewagt hat, ihn zu stören, wird es im Wald schlagartig ganz still.

Unten halten Zacks Freunde vor Schreck den Atem an.

„Wenn das mal gut geht!", flüstert Ellie ängstlich.

Zack begegnet dem prüfenden Blick des Vogels mit einem freundlichen Lächeln.

„Guten Tag", spricht er ihn selbstsicher an. „Ich bin Zack, das Eichhörnchen. Zusammen mit meinen Freuden, die dort unten auf mich warten, unternehme ich gerade eine Entdeckungsreise durch den ganzen Wald. Uns interessiert es alle brennend, wer du bist und was du hier oben machst."

Die Furchtlosigkeit des kleinen Kerls beeindruckt den Vogel.

„Dann hast du ja offenbar einen guten Grund dafür, mich von der Arbeit abzulenken. Ich bin der Buntspecht Alfred Baumklopfer und es ist mir eine Ehre dich kennenzulernen. Wissbegierige Kinder habe ich schon immer gemocht."

In diesem Augenblick kann man Zack deutlich ansehen, wie froh und erleichtert er ist. Er hatte nämlich befürchtet, dass der Vogel böse werden könnte.

„Und warum schlägst du mit deinem Schnabel ständig auf den Baumstamm ein?", fragt er ihn schnell. In dieser Lage ist es wahrscheinlich besser, dem Buntspecht keine Zeit dafür zu lassen, seine Meinung vielleicht doch noch zu ändern.

„In der Baumrinde finden wir unser Futter und das müssen wir durch das Klopfen auf den Baumstamm herausholen", antwortet Alfred geduldig. „Zu Hause in meiner Höhle warten sechs kleine

Kinder mit hungrigen Schnäbeln auf mich. Es tut mir sehr leid, mein junger Freund, aber genau deswegen muss ich meine Arbeit jetzt unbedingt fortsetzen."

Das versteht Zack sehr gut und er bewundert den netten Buntspecht, der sich Tag für Tag für seine Kinder abmüht.

Nachdem sie sich gegenseitig alles Gute gewünscht und voneinander verabschiedet haben, klettert das Eichhörnchen flink und geschickt vom Baum herunter.

Dort brechen die anderen kleinen Entdecker in begeisterte Jubelrufe aus, als Zack endlich wieder bei ihnen ist.

Es fühlt sich toll an, erneut etwas dazugelernt zu haben.

Ohne sich vorher eine Pause zu können, erzählt Zack seinen Freunden alles, was er von Alfred, dem Buntspecht, gelernt hat. Sie freuen sich mindestens genauso darüber wie er, jetzt noch einen interessanten Waldbewohner zu kennen.

Von diesem Tag an wird sie das laute Hämmern in den Bäumen mit Sicherheit nie mehr erschrecken.

Kapitel 23

Zack hat immer die besten Ideen

Als die Tierkinder am darauffolgenden Tag wieder durch den Wald wandern, ist es drückend heiß. Normalerweise dürfte es erst im Hochsommer so warm werden.

In der Mittagszeit fällt den kleinen Entdeckern das Laufen zunehmend schwerer. Bei diesen Temperaturen ist es ja auch nicht gerade ein Vorteil, so wie die meisten von ihnen in ein dickes und flauschiges Fell gekleidet zu sein.

Ihre Schritte werden immer kürzer und langsamer. Hier und da erklingt ein leises Stöhnen.

Irgendwie macht es bei diesem Wetter gar keinen Spaß mehr, die Umgebung zu erkunden. Auf neue Abenteuer scheint heute niemand große Lust zu haben.

Julchen, das schüchterne Maulwurf-Mädchen, gibt zuerst auf. Total kraftlos rutscht sie von Mollis Rücken herunter, um sich völlig erschöpft auf einen Stein am Rand des Weges fallen zu lassen.

Ihren Freunden bietet das eine willkommene Gelegenheit, um sich auch für ein Weilchen auszuruhen. Vollkommen geschwächt setzen sich alle auf den Waldboden.

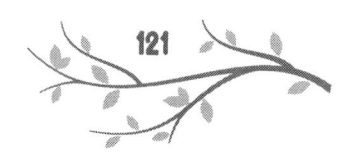

„Ich weiß ja nicht, wie es euch geht, aber ich schaffe keinen einzigen Meter mehr, bevor es endlich abkühlt", verkündet der Hamster Jerry mit einem müden Seufzen.

„Du hast vollkommen recht", stimmt ihm das hübsche Rehkitz Lea sofort zu. „Deshalb schlage ich vor, dass wir uns einen Platz im Schatten der hohen Bäume suchen und dort bis morgen warten."

Wie gut die anderen diese Idee finden merkt man daran, dass sie alle gleichzeitig reden, um Leas Vorschlag zu unterstützen.

„Seid mal bitte für einen Moment ganz leise!", unterbricht Ellie den Lärm. „Irgendetwas stimmt hier nicht. Habt ihr noch gar nicht bemerkt, dass es im Wald seit ein paar Minuten total still ist? Sogar die Vögel haben aufgehört zu singen."

Im Nu verstummen die kleinen Entdecker. Weil Ellies Beobachtung tatsächlich der Wahrheit entspricht, schauen sie sich verwundert um. Was ist das denn? Aus der Ferne ertönt ein leises Grummeln, das sich ihnen rasch zu nähern scheint. Nach und nach wird es lauter und beunruhigender und die Sonne strahlt nicht einmal mehr halb so hell wie gerade eben noch.

In einer Situation wie dieser verlassen sich alle am liebsten auf Zack, der sicher auch jetzt herausfinden kann, was um sie herum passiert. Natürlich lässt er sich nicht lange bitten. Schließlich ist er selbst auch neugierig geworden.

Genauso furchtlos wie immer klettert er blitzschnell auf eine der hohen Tannen, um die Lage von dort oben aus zu erkunden. Als er zurückkommt, sind die Blicke seiner Freunde erwartungsvoll auf ihn gerichtet.

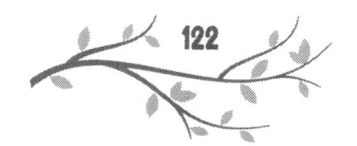

„Von da drüben ziehen riesige, dunkle Wolken zu uns herüber", berichtet er ganz außer Atem. „Wenn ihr mich fragt, braut sich ein heftiges Gewitter zusammen. Bei der Hitze ist das kein Wunder. Die Vögel und die anderen Waldbewohner haben das wahrscheinlich schon lange vor uns gespürt und sich vorsichtshalber in Sicherheit gebracht."

Damit ist die plötzliche Stille im Wald zumindest kein Rätsel mehr. Obwohl sie das überhaupt nicht gern zugeben, haben die meisten der Tierkinder große Angst vor einem Gewitter. Wenn es blitzt und donnert ist es sogar den stärksten Helden ein bisschen mulmig zumute. Vor ihrer Entdeckungsreise sind sie schon beim ersten Donnergrollen blitzschnell zu ihren Eltern gerannt, um sich im warmen, gemütlichen Zuhause zu verkriechen und sich von ihrer Mama in den Arm nehmen zu lassen.

Aber dafür sind die kleinen Entdecker inzwischen schon viel zu weit gekommen. Bis zu diesem Tag hat ihnen das nichts ausgemacht und sie waren immer vergnügt. Jetzt würden sie gern alles tun, um für ein paar Stunden zurück nach Hause flüchten zu können.

„Was sollen wir denn bloß machen?", fragt Julchen mit Tränen in den Augen. „Ich will zu meiner Mama. In unserem Bau unter der Wiese würde sie uns alle vor dem Gewitter beschützen."

„Du musst auch hier keine Angst haben", redet Ellie beruhigend auf sie ein. „Bestimmt wird Zack das perfekte Versteck für uns finden. Darauf gebe ich dir mein Wort."

Daraufhin flitzt Zack wie auf Kommando los. Diesmal kann er es jedoch nicht verhindern, dass Zick ihm folgt.

„Bleib immer ganz dicht hinter mir!", ermahnt Zack seinen schusseligen Bruder.

Glücklicherweise hört der kleine Tollpatsch ausnahmsweise auf ihn und alles geht gut.

Als die beiden Eichhörnchen nur wenig später zurückkehren, rufen sie schon von weitem: „Kommt alle mit! Hinter den Tannen haben wir ein wunderbares Versteck für uns alle gefunden."

Inzwischen bläst ein stürmischer Wind die Blätter von den Bäumen, am Himmel kracht es immer lauter und auf die kleinen Entdecker fallen bereits die ersten Regentropfen. Deshalb beeilen sie sich wie noch nie zuvor.

Den Ort, an den Zick und Zack sie führen, erreichen sie in der allerletzten Sekunde, bevor das Gewitter mit aller Macht über den Wald hereinbricht.

Unter den dicken Ästen der drei umgestürzten Bäume, die eine gemütliche, natürliche Höhle gebildet haben, atmen alle vor Erleichterung auf.

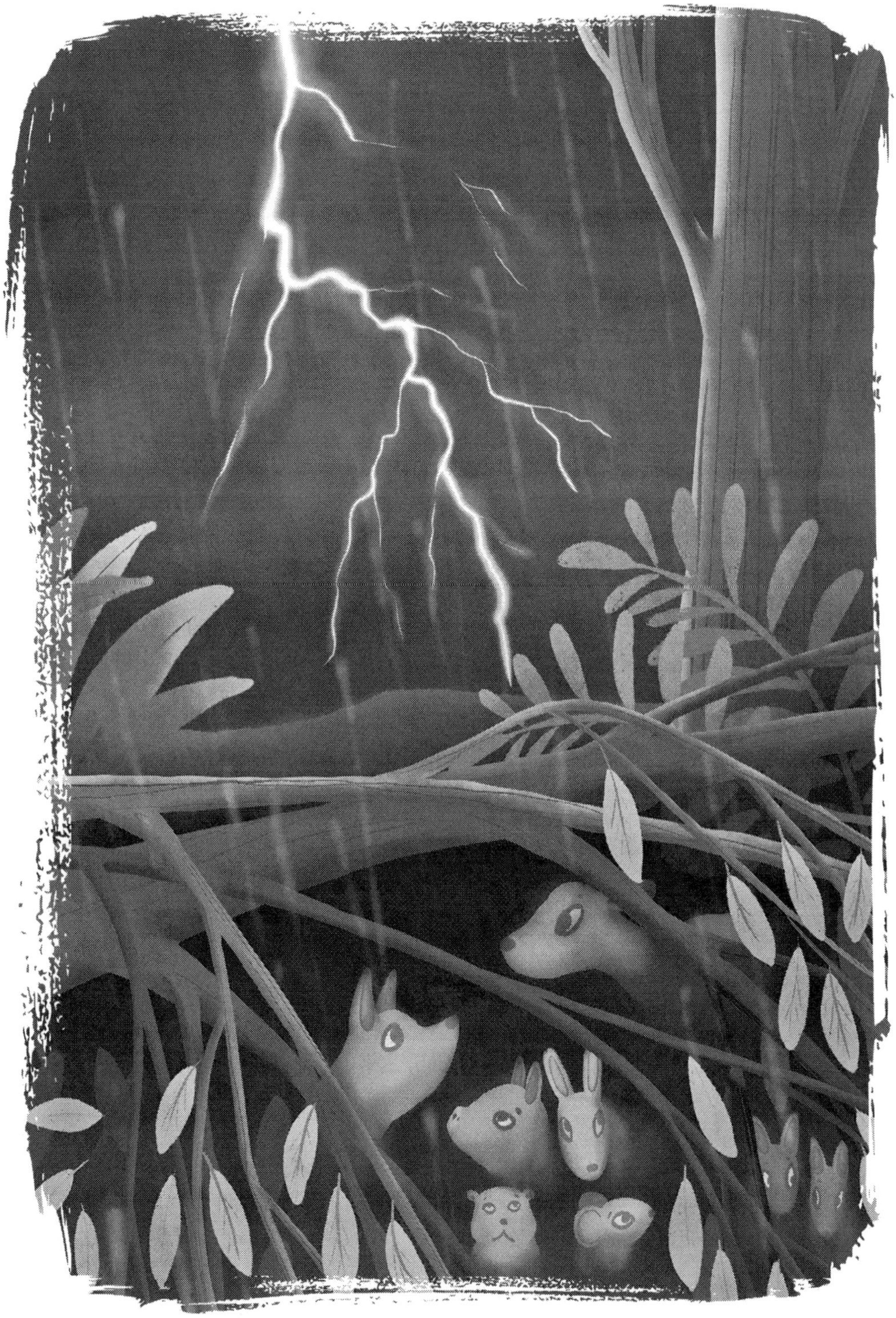

An diesem Nachmittag sind die beiden Eichhörnchen-Brüder ihre Helden, was Zick unheimlich stolz macht.

Bestimmt gibt es im ganzen Wald weit und breit keinen Platz, an dem die Tierkinder noch besser vor dem Gewitter geschützt wären. Das dichte Laub der Äste hält den prasselnden Regen ab, die Blitze können sie von hier aus nicht mehr erkennen und der Donner grummelt nur noch leise aus der Ferne.

„Oh ja, hier kann man es richtig gut aushalten", freut sich der Hasen-Junge Schnuffel. Mit einem zufriedenen Lächeln kuschelt er sich in die weichen Blätter ein.

„Ist das nicht romantisch?", jubelt Ellie begeistert.

„Und was machen wir jetzt, bis das Gewitter wieder aufhört?", will der wissbegierige, kleine Fuchs Felix wissen. Es sich einfach nur bequem zu machen und in Ruhe auf das Ende des Unwetters zu warten, das findet er viel zu langweilig.

Auch zu dieser Frage fällt dem pfiffigen Zack sofort eine Lösung ein.

„Jetzt erzählen wir unseren Freunden alle der Reihe nach eine Geschichte", antwortet er schmunzelnd und die Tierkinder sind vor Freude sofort ganz aufgeregt.

„Soll die Geschichte lustig oder spannend sein?", möchte sich Molli noch schnell vergewissern.

„Das kannst du allein entscheiden. Dadurch wird es doch noch interessanter."

Im Anschluss daran vergehen die Stunden wie im Flug. Einige der kleinen Entdecker denken sich ein atemberaubendes Märchen aus, manche erinnern ihre Freunde an die witzigsten Momente ihrer bisherigen Reise und andere stellen sich vor, was sie später vielleicht noch erleben werden.

Als ihnen Ellie und Zack berichten, was sie bis jetzt über die geheimnisvollen Menschen und das Märchenland gehört haben, lauschen alle wie gebannt.

„Ob es das alles tatsächlich gibt?", fragt Schnuffel verträumt.

„Ich denke, das sollten wir so bald wie möglich gemeinsam herausfinden", murmelt Zack vor sich hin. Mit diesen Worten hat er allen seinen größten Wunsch verraten.

Kapitel 24

Die bisher aufregendste Entdeckung von allen

„Regnet es eigentlich noch?", fragt Lea völlig überraschend. Verblüfft schauen sich die kleinen Entdecker gegenseitig an. Wegen der vielen tollen Geschichten hatten sie das Gewitter inzwischen schon total vergessen.

Jetzt springt Ellie auf und steckt ihr Köpfchen durch die Blätter. „Das gibt es doch nicht!", ruft sie den anderen zu. „Von dem Gewitter ist weit und breit nichts mehr zu sehen. Es muss schon vor ein paar Stunden weitergezogen sein. Am Himmel leuchten die ersten Sterne und die Vögel singen gerade ein Schlaflied für ihre Kinder."

„So spät kann es doch unmöglich sein", wundert sich Zick, dem diesmal alle zustimmen.

„Seht ihr!", freut sich Zack. „Mit einer spannenden Geschichte kann man die Angst vertreiben. Heute haben wir gelernt, was wir beim nächsten Gewitter tun müssen."

Die Tierkinder können es kaum glauben, dass sie das Ende des Unwetters tatsächlich verpasst haben und es draußen schon dunkel wird.

„Abends sollten wir uns viel öfter Geschichten erzählen", schlägt Schnuffel den anderen vor. „Mir hat das jedenfalls wahnsinnig gut gefallen."

„Was meine Oma immer sagt, stimmt also genau", meint Ellie nachdenklich. „Man kann wirklich aus allem das Beste machen."

Weil dieser besondere Tag bereits zu Ende geht, beschließen die kleinen Entdecker, noch für eine Weile in der gemütlichen Höhle zu bleiben und in dieser Nacht auch hier zu schlafen.

Bevor ihnen vor Müdigkeit die Augen zufallen, bitten sie Zack darum, sich für sie noch ein Märchen auszudenken.

„Dass du der allerbeste Geschichtenerzähler der ganzen Welt bist, konnte ja vorher keiner ahnen", murmelt Ellie anerkennend. Nur eine Sekunde später schläft sie tief und fest.

Am darauffolgenden Morgen wachen die Tierkinder frisch und munter auf. Mit neuem Tatendrang setzen sie ihre Wanderung gut gelaunt fort.

Endlich ist es nicht mehr so drückend heiß und sie kommen rasch voran. Auf ihrem Weg zwischen den hier besonders dicht nebeneinander wachsenden Bäumen versuchen sie, sich gegenseitig mit ihren Vermutungen zu übertreffen. Welches neue Abenteuer wartet wohl heute auf sie?

Und auf das, was dann geschieht, wäre keiner von ihnen gekommen.

Aus der Richtung, in die sie gerade laufen, erklingt plötzlich eine tiefe Stimme, der jemand antwortet, der aber viel leiser spricht.

Es besteht nicht der geringste Zweifel daran, dass sich dort zwei unbekannte Tiere miteinander unterhalten. Nur eines ist absolut seltsam: Zum ersten Mal verstehen die kleinen Entdecker kein einziges Wort.

„Was ist das denn?", fragt Felix seine Freunde. „Normalerweise beherrschen wir Tiere doch schon von klein auf die Sprache der anderen. Warum funktioniert das von einer Minute zur anderen jetzt nicht mehr? So etwas ist in unserem Wald noch nie vorgekommen."

Dass etwas passiert, was er nicht begreifen kann, bringt das schlaue Füchschen völlig durcheinander. Und weil sie genauso ratlos sind wie er, können ihm seine Freunde auch nicht helfen.

Obwohl sie angestrengt die Ohren spitzen, bleibt das Gespräch hinter den Bäumen für sie ein geheimnisvolles Rätsel.

„Dann müssen wir uns die fremden Tiere eben einmal aus der Nähe anschauen", schlägt Zack ungeduldig vor. „Vielleicht kommen sie ja aus einem anderen Wald, wo man eine andere Sprache spricht. Lasst sie uns einfach fragen!"

Damit sind alle einverstanden. Ihre Schritte werden aber trotzdem langsamer und vorsichtiger. Irgendwie ist ihnen alles ein bisschen unheimlich.

Auf den letzten Metern unternimmt Zick nicht einmal den Versuch, seinen Bruder einzuholen. Auch das haben die Tierkinder bisher noch nicht erlebt. Kurz vor dem Waldrand bleiben sie schließlich ängstlich stehen.

Es war ja klar – das letzte Stück müssen Zack und Ellie wieder allein in Angriff nehmen.

So leise wie nur möglich schleichen sie auf Zehenspitzen auf die unbegreiflichen Geräusche zu, bis sie hinter einem Hagebuttenstrauch ein geeignetes Versteck finden.

Von dort aus beobachten sie nun, was sich vor ihren Augen abspielt. Nein! Das kann nicht wahr sein!

Im ersten Moment sind beide davon überzeugt, dass sie in Wirklichkeit noch schlafen und gerade etwas besonders Verrücktes träumen.

Hinter einer großen, grünen Wiese entdecken sie einen blau

schimmernden Teich, in dem sich die weißen Wolken am Himmel spiegeln. Enten und Schwäne scheint es hier nicht zu geben. Stattdessen sind am Ufer des Teiches zwei seltsame Wesen auf zwei Beinen damit beschäftigt, irgendetwas aufzubauen. Auch das, womit sie sich so angestrengt beschäftigen, können Zack und Ellie nicht einordnen.

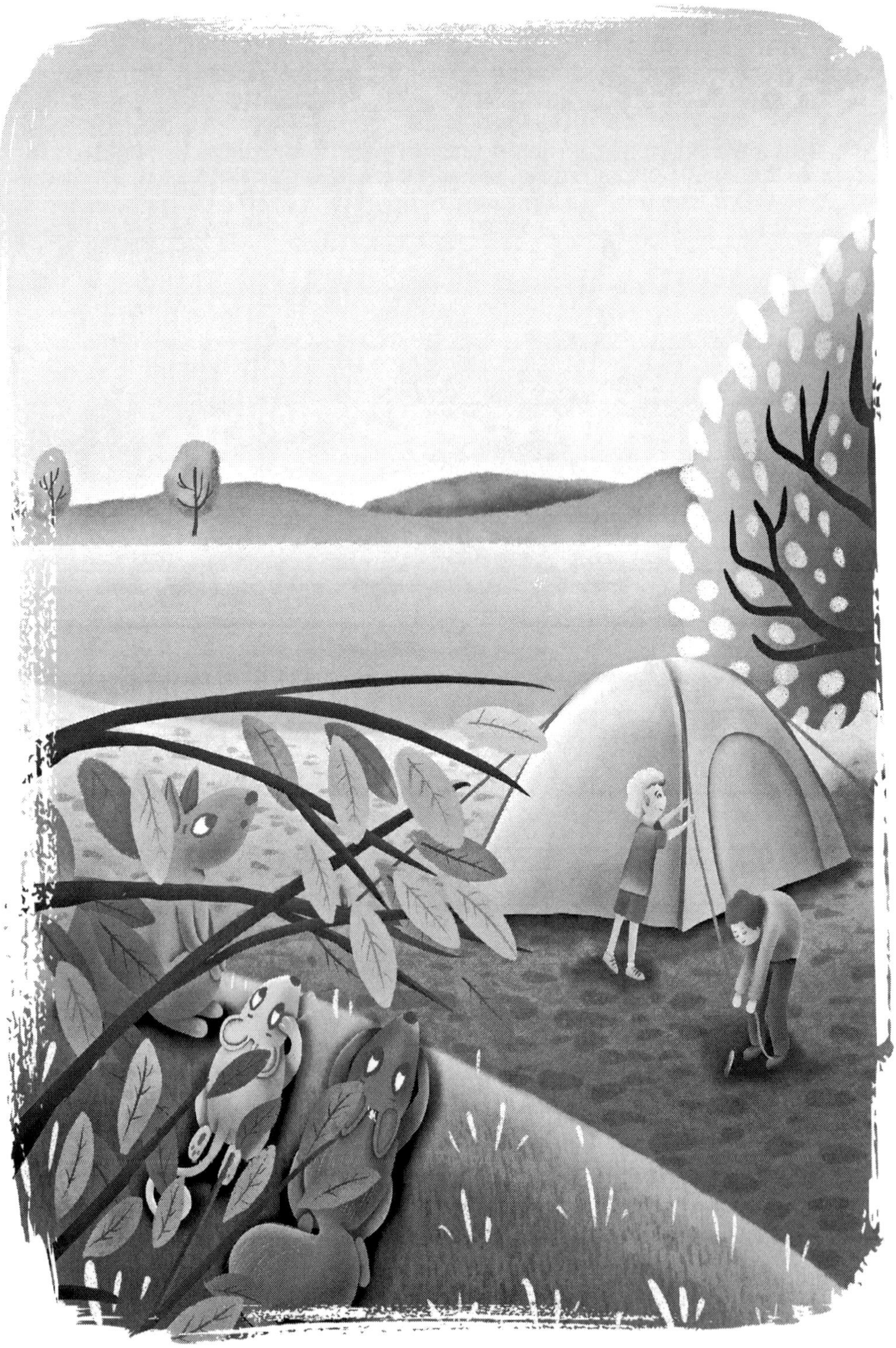

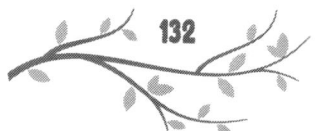

Es sieht so aus, als ob etwas aus unzähligen dünnen Blättern zusammengesetzt wäre, aber es ist nicht grün, sondern gelb. Nur die dünnen Stäbe aus Holz, die sie an Äste erinnern, kommen ihnen einigermaßen vertraut vor. Aber warum hat das komische Ding eine Spitze?

Noch tausendmal interessanter als dieser Bau, der vielleicht eine Höhle werden soll, sind die beiden fremden Wesen, die aufrecht auf zwei Beinen laufen.

Eines ist erschreckend groß und hat auf dem Kopf ein braunes Fell. Offensichtlich erklärt es dem anderen gerade, was es als Nächstes tun soll. Das kleinere Wesen stolpert ein wenig unsicher herum. Der Pelz auf seinem Kopf ist goldgelb und etwas länger. Auf den Armen der beiden Fremden wächst erstaunlicherweise gar kein Fell.

Wie schützen sich diese Wesen denn im Winter ohne einen wärmenden Pelz vor der Kälte? - Nein! Das stimmt ja gar nicht. Ihre Körper sind ja doch in etwas eingehüllt.

So kunterbunte Haare hat kein einziges Tier, von dem sie jemals gehört haben.

Die Beine des Größeren sind blau und der Oberkörper rot und weiß gestreift. Bei dem Kleinen kann man die einzelnen Farben gar nicht auseinanderhalten, weil es viel zu viele sind.

Fassungslos dreht sich Ellie zu Zack um.

„Dafür kann es nur eine Erklärung geben", stammelt sie mit weit aufgerissenen Augen. „So ähnlich beschreibt meine Oma immer die Menschen. Das, was sie auf dem Kopf haben, hat sie Haare genannt und das Fell an ihrem Körper ist die Kleidung."

Bei diesen Worten verliert Zack beinahe das Gleichgewicht. Zum Glück kann er sich noch im letzten Augenblick am Hagebuttenstrauch festhalten. Er wäre sonst vor lauter Schreck umgefallen und über die Wiese auf den Teich zu gekullert. Was diese Zweibeiner dann mit ihm gemacht hätten, will er sich lieber gar nicht erst vorstellen.

Mit ihrer nächsten Erkenntnis holt ihn Ellie in die Wirklichkeit zurück: „Dann ist das, was sie da bauen, vermutlich ein Zelt. In einem Zirkus müsste das natürlich sehr viel größer sein, damit all die vielen Menschen und die Tiere hineinpassen. Aber es könnte doch sein, dass in diesem Zelt nur sie Platz haben müssen."

„Meinst du wirklich?", stottert Zack, bevor er seinen gesamten Mut zusammennimmt.

Bis heute hat er ständig davon geträumt, eines Tages einem Menschen zu begegnen. Da kann er doch jetzt nicht so ein jämmerlicher Feigling sein und das Beste verpassen.

Endlich traut er sich genauer hinzuschauen.

„Auf den zweiten Blick sehen sie doch eigentlich nett aus", flüstert er Ellie zu.

Dabei strahlen seine kleinen, dunklen Augen vor Glück und Begeisterung.

Kapitel 25

Dann muss es auch das Märchenland tatsächlich geben

Während Ellie und Zack die sagenumwobenen Menschen beobachten, denen sie heute zum allerersten Mal begegnet sind, vergeht die Zeit viel zu schnell.

Wenn sie diese geheimnisvollen Wesen doch nur verstehen könnten! Wie gut, dass wenigstens der Klang ihrer Stimmen und ihre Gesten den beiden mutigen Entdeckern einiges über sie verraten.

„Vielleicht ist der Größere ja der Papa von dem Kleinen", überlegt Ellie.

„Ja, das könnte stimmen", bestätigt Zack, der den Blick nicht eine einzige Sekunde lang von den beeindruckenden Zweibeinern abwenden kann. „Jedenfalls scheint er den Kleineren sehr lieb zu haben und ziemlich stolz auf ihn zu sein."

„Dann haben sich die Bienen wahrscheinlich geirrt, als sie meinten, nur die Menschen wären so rücksichtslos", stellt Ellie nachdenklich fest. „Ich glaube, diese hier würden ganz sicher keinen Baum umwerfen, zumindest nicht mit Absicht."

Seitdem die Neugier ihre Angst besiegt hat und sie sich endlich ein wenig beruhigt haben, erstarren sie plötzlich erneut vor Schreck.

Völlig überraschend winkt der kleinere Mensch, den sie für ein Kind halten, dem anderen zu und rennt los.

Warum muss er denn ausgerechnet auf die Sträucher am Waldrand zulaufen? Um den Teich herum gibt es doch wirklich überall mehr als genug zu entdecken.

„Was sollen wir bloß machen, wenn er uns hier aufspürt?", flüstert Ellie panisch. Darauf kann Zack ihr gar nicht antworten, weil er sich vor Aufregung verschluckt hat. Das ist aber nicht weiter schlimm, denn er hat sowieso keine Ahnung, was er dazu sagen könnte. An diesem Tag ist ausnahmsweise Zack einmal derjenige, der sich in Schwierigkeiten bringt.

Je näher der kleine Mensch ihm kommt, desto mehr fürchtet er sich vor ihm. Ohne darüber nachzudenken, macht er automatisch ein paar Schritte rückwärts. Dass er das tut, ist ihm selbst überhaupt nicht bewusst.

Deshalb dreht er sich dabei auch nicht um. In jeder anderen Situation würde ihm das garantiert nicht passieren. Schließlich erinnert er seinen tollpatschigen Bruder immer daran, beim Laufen auf den Weg zu achten.

Vor Schreck hat er das jetzt selbst total vergessen und so übersieht er den kleinen, runden Stein hinter seinem linken Fuß. Er bemerkt ihn erst, als er im selben Moment darauf ausgerutscht ist. Diesmal gelingt es Zack leider nicht, sich noch schnell an einem der Sträucher festzuhalten. Oh weh! Beim Hinfallen macht er eine ungeschickte Rolle vorwärts, bevor er direkt auf den Menschen zurollt.

„Hilfe!", hätte er am liebsten laut geschrien, aber der Schrei bleibt ihm vor lauter Panik im Hals stecken.

Erst ungefähr drei Meter vor den Füßen des Menschenjungen schafft er es, nach einer Wurzel zu greifen und seinen peinlichen Sturz abzubremsen.

Jetzt ist es aber schon zu spät, denn der Zweibeiner hat ihn gerade entdeckt. Oh nein!

Statt nach ihm zu greifen und irgendetwas Beängstigendes mit ihm anzustellen, zeigt der kleinere der beiden Menschen, der für Zack natürlich immer noch wie ein Riese wirkt, nur mit einem Finger seiner rechten Hand auf ihn.

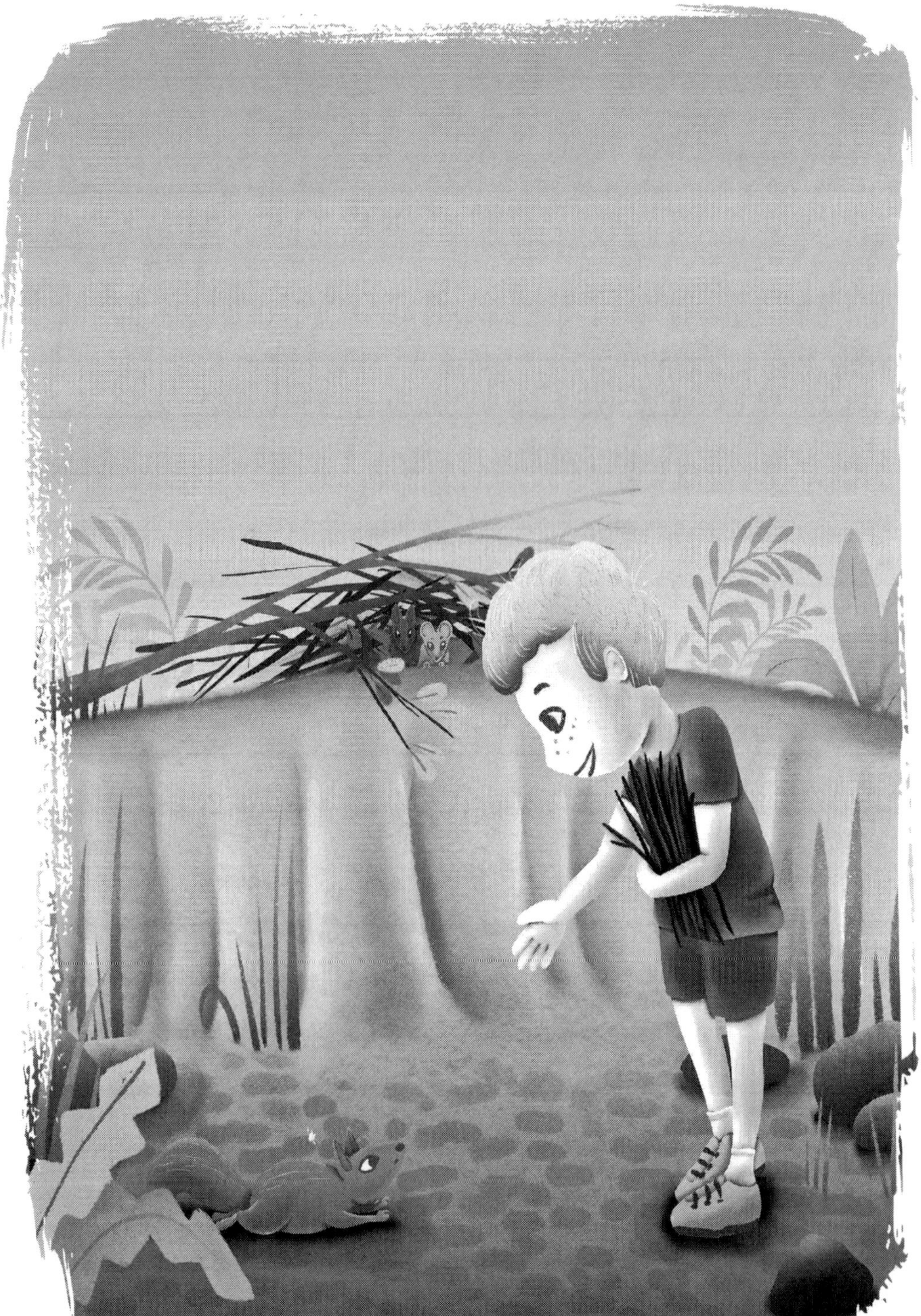

Gleichzeitig schaut er zu dem, der sein Papa sein muss, und ruft ganz laut: „Sieh doch mal! Ich habe im Wald ein Eichhörnchen gefunden. Das ist total niedlich. Komm schnell her und schau es dir an!"
Was er da eben gesagt hat, kann Zack ja unglücklicherweise nicht verstehen. Trotzdem spürt er ganz deutlich, dass diese Worte nichts Böses bedeuten.
So seltsam es auch sein mag, der kleine Riese strahlt vor Freude. Es kann doch nicht sein, dass er wegen Zack so begeistert ist. Oder etwa doch?
Obwohl der wissbegierige Entdecker nur allzu gern erfahren würde, was der Mensch über ihn denkt, beschließt er, dass er für heute schon mehr als genug Mut bewiesen hat. Irgendwann muss es ja auch mal reichen.
Solange das Menschenkind noch durch seinen Vater abgelenkt ist, nutzt Zack seine einzige Chance, sich so schnell wie möglich aus dem Staub zu machen. Blitzartig rappelt er sich auf und flitzt auf das Gebüsch zu, um dahinter zu verschwinden.
„Ach, wie schade!", flüstert der kleine Mensch ganz geknickt, als sein Papa bei ihm ankommt. „Jetzt ist das süße Eichhörnchen wieder weg."
„Deswegen musst du nicht traurig sein", tröstet ihn der größere Riese. „Bestimmt fühlt sich der kleine Kerl im Wald am wohlsten und da gehört er ja auch hin. Wahrscheinlich hatte er sich nur verlaufen. Es war doch schon ein großes Glück, dass du ihn ganz aus der Nähe sehen konntest."
Was die beiden miteinander besprechen, bleibt für Zack weiterhin

ein Rätsel. Komischerweise hat er aber den Eindruck, dass das Menschenkind enttäuscht wirkt, weil er weg ist. Es hat sogar eine Träne im Auge. - Nein, da muss er sich irren.

In diesem Moment rennt Ellie auf ihn zu, um Zack erleichtert zu umarmen.

„Oh je, das hätte ganz schön schiefgehen können", sagt sie so leise wie möglich, damit sie die Menschen nicht hören können. „Du ahnst ja gar nicht, was ich gerade durchgemacht habe. Ich hatte furchtbare Angst um dich."

„Es tut mir unendlich leid, dass mir nichts eingefallen ist, um dir zu helfen", fügt sie beschämt hinzu.

„Keine Sorge!", lächelt Zack, der schon wieder ganz der Alte ist. „In dem Fall hätte ich auch nicht gewusst, was ich tun soll. Die Hauptsache ist, dass unser Abenteuer am Ende gut ausging."

Kurz darauf gehen die beiden kleinen Kundschafter zurück zu den anderen Tierkindern, die am Waldrand schon lange auf sie warten. Unbeschreiblich froh kommen sie ihnen auf dem letzten Stück des Weges entgegen.

Dass sie sich schreckliche Sorgen um Ellie und um Zack gemacht haben, sieht man allen sofort an.

„Was gab es dort unten denn zu sehen?"

„Ihr seid ja ewig weg gewesen. Ist euch auch wirklich nichts passiert?"

„Konntet ihr herausfinden, wer diese fremde Sprache spricht?"

Weil sie so wahnsinnig aufgeregt sind, reden die kleinen Entdecker alle durcheinander.

Da hebt Ellie ihre Pfötchen in die Höhe.

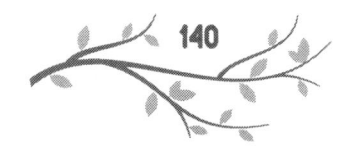

„Beruhigt euch erst mal!", bittet sie ihre Freunde. „Es ist doch selbstverständlich, dass wir euch alles ganz genau erzählen werden. Wir können aber nur eine Frage nach der anderen beantworten."

Bereits nach den ersten Versuchen begreifen Ellie und Zack, dass man etwas so Unglaubliches nur schwer in Worte fassen kann. Hierfür fällt dem pfiffigen Eichhörnchen aber schon bald eine großartige Lösung ein.

Er sucht sich einen dünnen Ast und führt die anderen zu einer mit Sand bedeckten Stelle im Wald. Dort malt er für seine Freunde mit dem Zweig ein Bild in den Sand, das ihnen zeigt, wie die Menschen ungefähr aussehen.

Mit offenem Mund bestaunen die kleinen Entdecker die beinahe unfassbare Zeichnung, die ihnen beweist, dass die Menschen nicht nur erfundene Wesen sind.

Zum Abschluss sagt Zack mit einem verträumten Blick: „Und weil wir die Menschen mit unseren eigenen Augen gesehen haben, muss es doch auch das Märchenland geben …"

Kapitel 26

Eine hilfsbereite neue Freundin und eine schwierige Entscheidung

In der Nacht nach ihrer ersten Begegnung mit zwei echten Menschen träumen Ellie und Zack davon, sich mit diesen rätselhaften Zweibeinern unterhalten zu können. Nichts würde die beiden kleinen Entdecker glücklicher machen, als sie bald richtig kennenzulernen. Wie sie das anstellen sollen, wissen sie aber leider nicht.

Als die Tierkinder am nächsten Tag wieder unterwegs sind, stellen sie Ellie und Zack fast ununterbrochen neugierige Fragen. Viel zu oft müssen die mutigen Kundschafter erklären, dass sie die Antworten selbst nicht kennen.

Heute möchten alle Helden sein, die sich bis zum Waldrand vorwagen, um die Menschen von dort aus zu beobachten. Natürlich führt sie Zack sehr gern dorthin, weil er den großen und den kleineren Riesen unbedingt wiedersehen möchte.

Bis zu der Stelle, an der Ellie und Zack gestern gestanden haben, kommen sie jedoch dieses Mal nicht.

Nachdem die Tierkinder ungefähr den halben Weg zu dem Teich am Waldrand hinter sich gebracht haben, lässt sie ein ohrenbetäubendes Geräusch wie angewurzelt stehen bleiben.

„Krächz", erklingt eine durchdringende, heisere Stimme direkt über ihnen.

Was ist denn das schon wieder?
Erfolglos suchen alle den Himmel ab. Eigentlich kann das gar kein Vogel sein, denn so hört sich keiner der Waldvögel an.
„Guten Tag! Hier bin ich", krächzt das rätselhafte Tier jetzt ganz in ihrer Nähe.

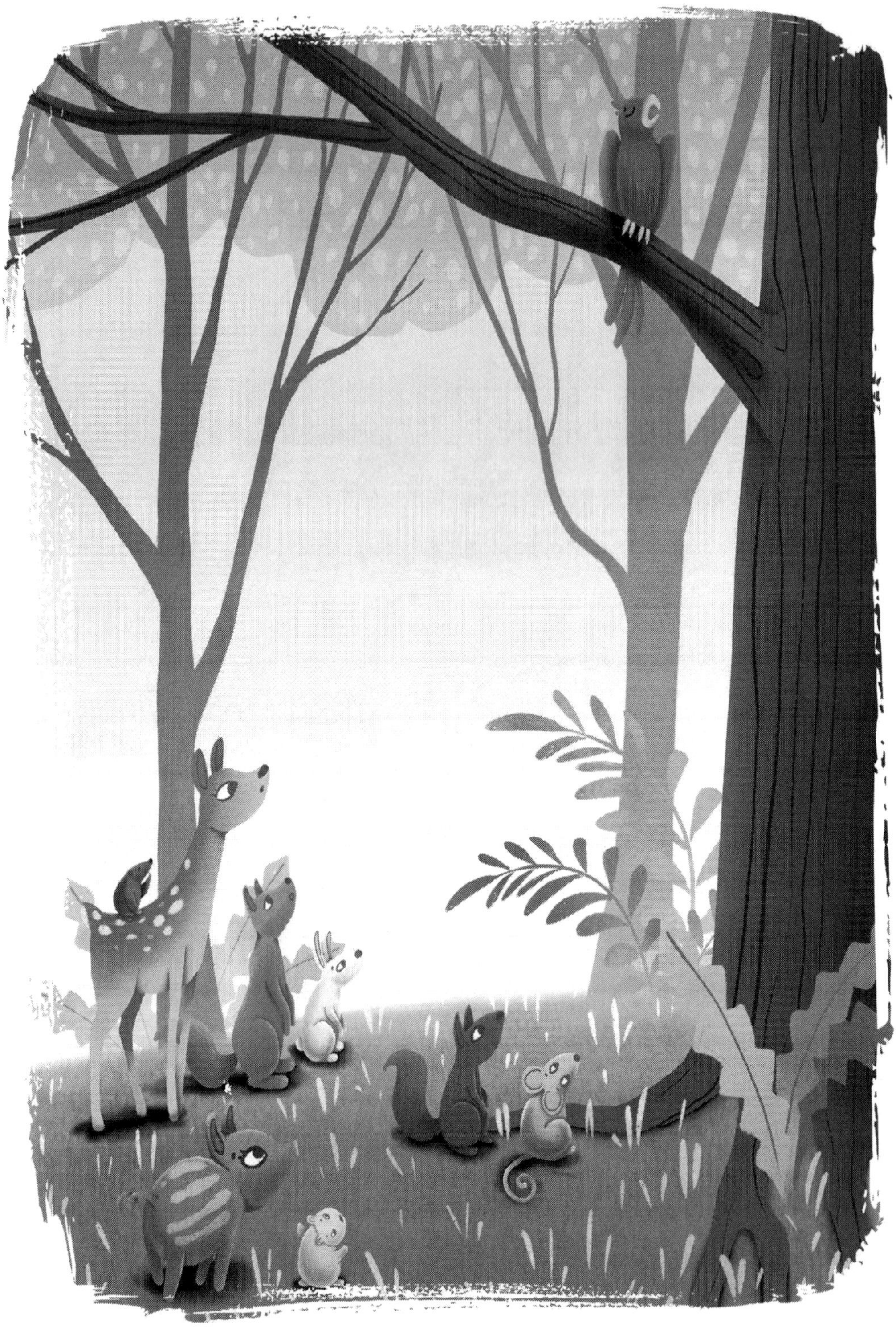

„Da!", ruft der schlaue Fuchs Felix ganz aufgeregt. „Ich habe ihn gefunden."

Die Blicke seiner Freunde wandern zu dem Punkt, auf den Felix mit seinem rechten Vorderpfötchen zeigt. In diesem Wald scheint tatsächlich an jedem Tag eine neue Überraschung auf sie zu warten.

„So einen Vogel gibt es doch überhaupt nicht", wundert sich Lea, das hübsche Rehkitz. „Sind wir jetzt etwa im Märchenland?"

Auch Leas Freunde können ihren Augen kaum trauen. Ratlos betrachten sie den schönsten Vogel, dem sie jemals begegnet sind. Nein, hier stimmt etwas ganz und gar nicht. Das kann doch nur ein Traum sein.

Der bezaubernde Vogel sitzt auf einem der Äste der hohen Tanne, an der sie gerade vorbeigegangen sind, und muss schallend lachen, weil sie ihn so fassungslos anstarren. Im Licht der hellen Sonnenstrahlen glitzern seine Federn in einem leuchtenden Rot, Gelb und Blau. So entzückend bunt gemustert ist keiner der Vögel im Wald und einen so seltsam nach unten gebogenen Schnabel hat niemand, den sie kennen. Wenn ein so außergewöhnliches Tier zu den Waldbewohnern gehören würde, hätten es ihre Eltern bestimmt schon längst in einer ihrer Geschichten erwähnt.

„Ihr solltet euren Mund besser wieder schließen", krächzt die eigenartige Stimme mit einem breiten Schmunzeln. „Ich bin Olga, das weltberühmte Papageien-Mädchen aus dem Zirkus. Es freut mich sehr, eure Bekanntschaft zu machen."

Papagei? Zirkus? Und das alles mitten am Tag? Falls ihnen hier irgendjemand einen dummen Streich spielt, finden sie das gar nicht lustig.

„Kein Wunder, dass euch das alles ein bisschen komisch vorkommt!", gibt Olga gutmütig zu. „Und ihr habt auch recht. Eigentlich leben wir Papageien sehr weit weg von hier. In diesem Wald seid ihr sicher noch keinem von uns begegnet."

„Was machst du denn hier?", wagt Zick den seltsamen Vogel zu fragen.

„Du wirst es mir vielleicht nicht glauben, aber ich bin heute nur wegen euch hierhergekommen. Jahr für Jahr reise ich mit einem Zirkus um die Welt. Dort bin ich ein Star. Die Menschen lieben uns Papageien nämlich, weil wir ihre Sprache sprechen können. Im Zirkus trete ich aber nur abends auf und am Tag langweile ich mich manchmal. Wenn wir gerade in der Nähe eines Waldes sind, fliege ich deshalb gern dorthin, um mich ein wenig umzuschauen. Als ich vor kurzem einen meiner Ausflüge in diese Gegend unternommen habe, bin ich zufällig auf euch aufmerksam geworden."

„Hast du uns etwa heimlich beobachtet?", fragt Schnuffel empört.

„Ja, das kann ich leider nicht abstreiten", antwortet Olga lächelnd. „Es hat mir sehr gut gefallen, dass ihr so mutig durch den Wald wandert, um die Welt kennenzulernen und Abenteuer zu erleben. So tapfere, kleine Entdecker wie euch gibt es wahrscheinlich in keinem anderen Land auf dieser Erde. Deshalb bin ich euch ein paar Tage lang gefolgt. Dabei habe ich dann gehört, wie sich eure beiden Kundschafter über die Menschen, den Zirkus und unser Zelt unterhalten haben. Das hat mich auf die Idee gebracht, euch zu erzählen, dass es das alles wirklich gibt."

„Und warum hast du das nicht einfach getan?", möchte Jerry, der Hamster-Junge, wissen.

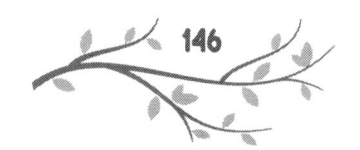

„Leider bin ich nicht mehr dazu gekommen, weil ihr gestern zwei Menschen beim Zelten entdeckt habt. Dadurch habt ihr es ganz allein herausgefunden."

„Das stimmt genau", meint das Wildschein-Mädchen Molli so selbstbewusst wie noch nie zuvor. „Was willst du denn dann noch hier?"

Darüber muss das Papageien-Mädchen erst einmal lachen. Trotzdem spüren die Tierkinder, dass Olga sich nicht über sie lustig macht. Das würde nämlich ganz anders klingen.

„Immer mit der Ruhe!", schmunzelt Olga. „Es hat mir leidgetan, dass ihr den kleinen Jungen nicht verstehen konntet. Und aus diesem Grund bin ich heute hier. Ich möchte euch gern dabei helfen, mit ihm zu sprechen."

„Wie soll das denn funktionieren?", fragt Zack, der sich das überhaupt nicht vorstellen kann.

„Na, ganz einfach", verkündet Olga stolz. „Wie ihr seht, spreche ich eure Sprache genauso gut wie die Sprache der Menschen. Wenn ihr wollt, biete ich euch meine Dienste als Übersetzerin an."

Übersetzerin? Dieses Wort haben die Tierkinder vorher noch nie gehört. Was das Papageien-Mädchen damit meint, können sie sich aber trotzdem ziemlich gut vorstellen.

Als Zack begreift, worum es hier geht, wird er ganz blass.

Oh je! Das würde ja bedeuten, dass er noch einmal den Mut aufbringen muss, sich ganz nah an die Menschen heranzutrauen. Wird er das wirklich schaffen?

Eigentlich waren die Zweibeiner doch richtig nett und kein bisschen gefährlich. Der Kleinere wollte ihm garantiert nichts tun, als er ihn entdeckt hat. Nein, er hatte ja sogar Tränen in den Augen, als das Eichhörnchen so plötzlich wieder verschwunden war.

Zacks Neugier ist eben doch viel stärker als seine Angst. Wer es sich so sehr gewünscht hat, mehr über die Menschen zu erfahren, der muss es dann auch wagen, diese einmalige Gelegenheit zu nutzen.

„Einverstanden!", ruft er furchtlos. „Ich nehme dein Angebot an."

„Daran habe ich von Anfang an nicht gezweifelt", antwortet das Papageien-Mädchen anerkennend. „Jetzt sollten wir uns aber beeilen. Wie ich die Menschen kenne, bleiben sie im Wald meistens nicht lange an dem gleichen Ort."

„Möchtest du, dass ich mitkomme?", flüstert Ellie kleinlaut. Alle bewundern es, dass sie ihren Freund trotz ihrer Angst nicht allein lassen möchte.

„Es ist lieb von dir, dass du mich begleiten würdest, obwohl du dich vor den Menschen fürchtest", antwortet ihr Zack wie ein echter Held. „Das musst du aber nicht tun. Diese Aufgabe übernehme ich allein. Später werde ich euch dann alles ganz genau erzählen."

Kapitel 27

Eine beinahe unglaubliche Unterhaltung

Zum Abschied umarmt das Mäuse-Mädchen Ellie ihren Helden Zack mit einem dankbaren Blick. Wie sehr die kleinen Entdecker das mutige Eichhörnchen in diesem Augenblick bewundern, ist nicht zu übersehen.

Nur Zick versteckt sich hinter Schnuffels Rücken, weil er bei diesem Abenteuer ausnahmsweise einmal nicht ganz vorn mit dabei sein möchte. Mit einem lebendigen Menschen zu sprechen, geht ihm doch ein bisschen zu weit.

Nachdem er seinen Freunden zum letzten Mal zugewinkt hat, marschiert Zack mit schnellen Schritten los, damit er Olga nicht aus den Augen verliert. Das hilfsbereite Papageien-Mädchen fliegt ungefähr drei Meter über seinem Kopf voran, um ihm den kürzesten Weg zum Ufer des Teiches zu zeigen.

Schon nach wenigen Minuten stehen sie genau dort, wo Zack gestern dummerweise über einen Stein gestolpert ist.

Mit einem Blick durch die Bäume vergewissert sich das Eichhörnchen, dass dieses komische, spitze Ding noch immer auf der Wiese steht. Ja, zum Glück ist es noch da. Für ihn ist das ein eindeutiger Hinweis darauf, dass die Zweibeiner auch nicht weit weg sein können.

Und jetzt? Wie soll er es am besten anstellen, die Riesen auf sich aufmerksam zu machen?

Bevor er sich einen Plan ausdenken kann, nimmt ihm Olga diese Aufgabe ab.

„Krächz", ruft sie so laut wie eine Sirene. Dass ein nicht allzu großer Vogel so einen Krawall verursachen kann, hätte Zack vorher nicht für möglich gehalten.

Gut, dann ist es jetzt so weit. Noch lange zu grübeln, hätte ihm sicher auch nicht geholfen.

„Du musst noch ein paar Meter weiter nach vorn gehen", ermahnt ihn das kluge Papageien-Mädchen. „Hinter den dichten Sträuchern findet er dich nie. Ich bleibe hier auf dem dicken Ast sitzen und übersetze für euch. Was du dem Menschenkind sagen willst, entscheidest du ganz allein."

Na schön! Irgendwie wird es schon funktionieren.

Während sich Zack noch selber Mut zuspricht, hat Olgas lautes Krächzen längst das Interesse des kleineren Riesen geweckt. Ein wenig tollpatschig krabbelt er aus dem spitzen Ding heraus und sieht sich suchend um. In dem Augenblick, in dem er auf einem der Bäume am Waldrand das bunte Gefieder des Papageien entdeckt hat, rennt er auf der Stelle los.

„Du bist ja hübsch", flüstert der Menschen-Junge. Staunend schaut er zu dem Ast herauf, auf dem es sich Olga bequem gemacht hat. „Du musst der allerschönste Vogel auf der ganzen Welt sein."

Wie gut ihr dieses Kompliment tut, ist nicht zu übersehen. Natürlich erklärt sie Zack sofort in seiner Sprache, was der kleine Riese gerade zu ihr gesagt hat.

Und genau so geht es von da an weiter. Sobald der Junge und Zack abwechselnd einen Satz gesprochen haben, übersetzt sie problemlos jedes Wort in die Sprache des anderen. Für sie scheint das ein Kinderspiel zu sein.

Ganz am Anfang muss sie sich noch einmal einmischen, um den Jungen von ihr abzulenken.

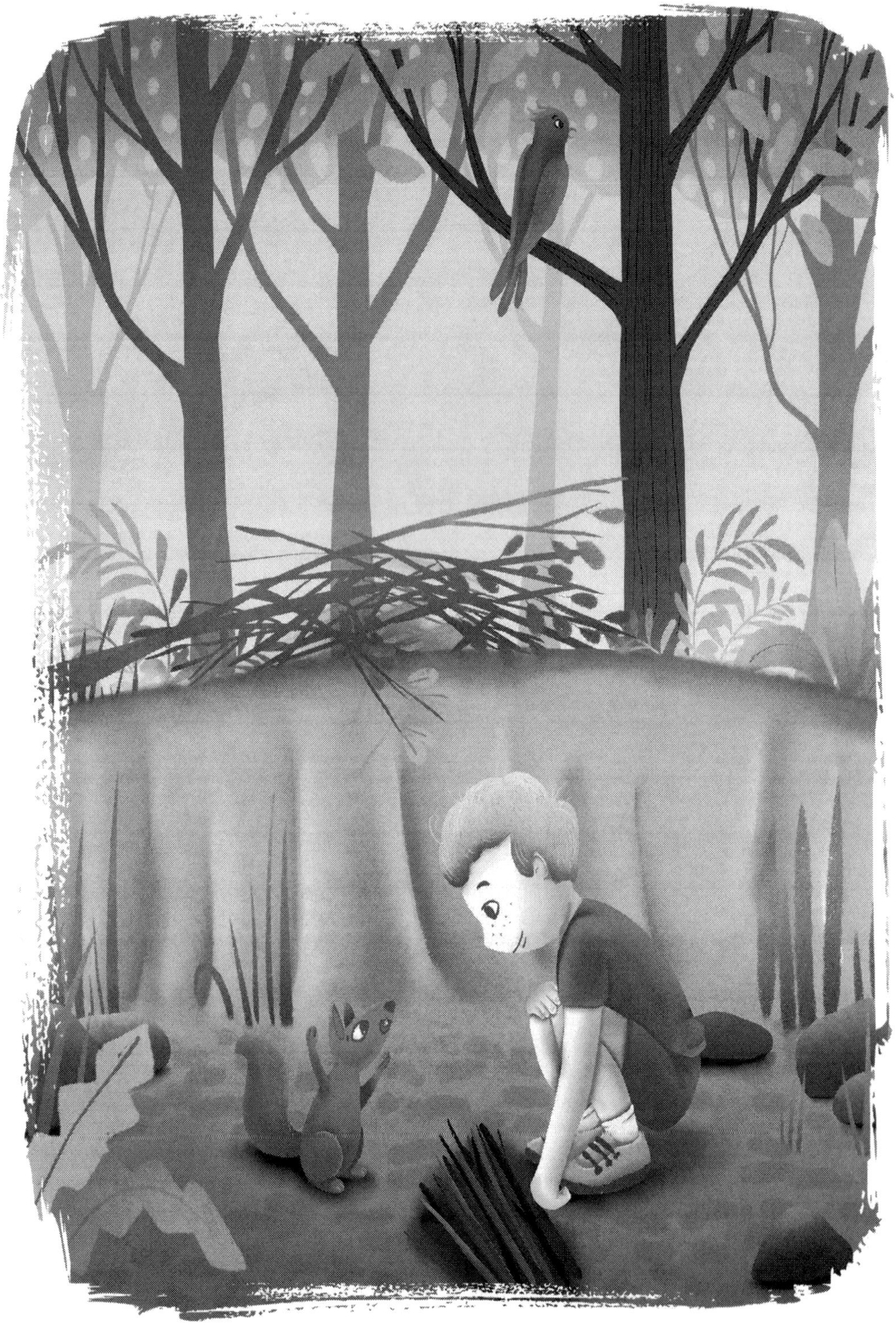

„Danke! Es freut mich sehr, dass ich dir gefalle. Hast du auch schon das Eichhörnchen entdeckt? Wenn mich nicht alles täuscht, seid ihr beide euch schon einmal begegnet."

Langsam richtet das Menschenkind seinen Blick auf den Waldboden. Zack bleibt außerordentlich tapfer und rührt sich nicht vom Fleck.

„Ach, da bist du ja wieder", jubelt der kleine Riese. Wie er so vor Freude strahlt, wirkt er überhaupt nicht mehr gefährlich. „Dass du gestern auf einmal verschwunden warst, hat mich ganz traurig gemacht."

Soll das etwa bedeuten, dass der Mensch ihn mag?

„Das tut mir sehr leid", stottert Zack unsicher. „Da hatte ich leider noch etwas zu erledigen. Deshalb wollte ich unbedingt noch einmal hierherkommen, wenn ich mehr Zeit habe."

In manchen Situationen muss eine kleine Notlüge doch erlaubt sein. Oder?

Zumindest in diesem Fall scheint Zack die richtige Entscheidung getroffen zu haben.

„Das ist sehr lieb von dir", bedankt sich der Junge. „Eichhörnchen finde ich total süß und du bist ganz besonders niedlich. Schön, dich kennenzulernen. Ich bin Sven. Weil ich jetzt endlich groß genug bin, hat mich mein Papa zum ersten Mal zum Zelten mitgenommen. Für mich ist es wahnsinnig aufregend, im Wald zu übernachten, aber für dich ist das wahrscheinlich ganz normal."

„Ja, das stimmt schon", schmunzelt Zack. „Schließlich bin ich ja im Wald zu Hause. Ach, übrigens, ich heiße Zack."

„Diesen Namen habe ich noch nie gehört. Der klingt richtig cool", meint Zacks neuer Freund Sven. „Und was machst du hier unten am See? Ich dachte, ihr Eichhörnchen klettert immer nur auf den Bäumen herum."

„Die meisten von uns tun das auch, aber ich gehöre zum Klub der Entdecker", erzählt Zack dem Jungen voller Stolz. „Seit ein paar Tagen bin ich mit meinen Freunden unterwegs, um den gesamten Wald zu erforschen. Wer weiß, vielleicht wandern wir danach sogar noch weiter, um die ganze Welt zu entdecken."

„Super! Da wäre ich auch gern dabei", antwortet Sven mit einem verträumten Lächeln. „Aber so weit lässt mich mein Papa leider noch nicht alleine laufen. Ich würde mich riesig darüber freuen, dich später irgendwann wiederzusehen. Wenn ich ein bisschen älter bin, darf ich euch bestimmt begleiten."

„Au ja!", ruft Zack begeistert aus. „Dann machen wir uns auf die Suche nach dem Märchenland."

Seltsam! Über diese Worte hat er vorher gar nicht nachgedacht. Sie sind einfach so aus ihm herausgesprudelt. Offenbar beschäftigt ihn diese Sache doch viel mehr, als er zugeben möchte. Und irgendwie überrascht es Zack gar nicht, dass Sven sich genauso sehr dafür interessiert.

„Das ist ein richtig toller Plan", jauchzt er, wobei er vor lauter Eifer einen Freudensprung macht. „Das versprechen wir uns jetzt gegenseitig und dann sind wir Freunde für immer und alle Zeit."

Mit seiner grenzenlosen Begeisterung steckt der kleine Mensch Zack im Handumdrehen an. Überglücklich hüpfen beide umeinander herum.

Als der größere Riese Sven zuruft, dass er zum Zelt kommen soll, finden das die zukünftigen Märchenland-Eroberer extrem schade. Weil sie sich aber eines Tages wiedersehen werden, ist alles nur halb so schlimm.

Fröhlich winken sie sich zu, bis Sven in dem geheimnisvollen, spitzen Ding verschwindet. Zack schaut ihm noch für eine Weile nach und fragt sich, ob das alles tatsächlich passiert ist oder ob er es nur geträumt hat.

Tief in seinen Gedanken versunken dreht er sich zu Olga um, die ihn schmunzelnd betrachtet.

„Na, bist du zufrieden mit deinem Abenteuer?", möchte sie erwartungsvoll wissen.

Zack kann sich gar nicht genug bei dem netten Papageien-Mädchen bedanken. Ohne Olgas Hilfe hätte er das alles nie erlebt. Das weiß er ganz genau.

Auf dem Rückweg zu den anderen Tierkindern schwärmt Zack Olga vor, wie toll es war, mit Sven zu sprechen. Dass ein Mensch und ein Eichhörnchen so erstaunlich viel gemeinsam haben, wäre ihm nicht einmal im Traum in den Sinn gekommen.

Wenn alle Menschen so sind wie Sven, würde Zack sie am liebsten alle kennenlernen.

Kapitel 28

Wer schon so viel erlebt hat, der will immer noch mehr

Unter den Tannen am Waldrand haben die kleinen Entdecker schon viel zu lang auf Zack gewartet und sich große Sorgen um ihn gemacht.

„Und? Wie war es?", rufen sie schon von weitem, als er endlich zwischen den Bäumen auftaucht.

„Ihr werdet es vielleicht nicht glauben, aber euer kleiner Held hat gerade eben mit einem Menschen Freundschaft geschlossen", verkündet Olga schmunzelnd.

Mit offenem Mund starren die Tierkinder beide an. Nein, das kann nur ein Scherz sein. Nicht einmal ihre klugen und erfahrenen Großeltern haben jemals ein Tier getroffen, das einen Menschen zum Freund hat. Wie auf Kommando überfallen sie den tapferen Zack mit ihren unzähligen Fragen. Weil alle durcheinanderreden, kann niemand auch nur ein einziges Wort verstehen.

„Jetzt lasst ihn doch erst einmal Luft holen!", kommt ihm das Papageien-Mädchen zu Hilfe. „Wenn ihr dem armen Zack ein klein wenig Ruhe gönnt, wird er euch bestimmt gleich alles erzählen, was er heute erlebt hat. Das kann er aber erst dann tun, wenn er eins nach dem anderen beschreiben darf."

Daraufhin wird es augenblicklich mucksmäuschenstill. Nachdem Zack Olga einen dankbaren Blick zugeworfen hat, legt er direkt los und alle hören ihm wie gebannt zu.

Ihrer Meinung nach könnte das Gespräch, das ihr mutiger Freund gerade schildert, aus einem Märchen stammen. Weil Zack sie aber niemals anlügen würde, glauben sie ihm auch das scheinbar Unglaubliche.

Von diesem Tag an haben die kleinen Entdecker noch mehr Respekt vor ihrem Helden als jemals zuvor. Davon möchte Zick zu gern auch ein bisschen abhaben.

„Seht ihr, so ist er. So kenne ich meinen furchtlosen Bruder. Diesen Mut haben wir nämlich beide von unseren Eltern geerbt", plappert er pausenlos vor sich hin.

Trotz der ganzen Aufregung bringt das die Tierkinder dann doch wieder zum Lachen.

Bevor die Sonne untergeht, muss sich das Papageien-Mädchen von ihren Freunden im Wald verabschieden, weil sie an diesem Abend im Zirkus gebraucht wird.

„Kannst du uns nicht einfach mitnehmen?", bettelt Ellie mit einem zuckersüßen Mäuse-Lächeln. „Wir sind doch alle geschickt und dumm sind wir auch nicht. Bringe uns doch bitte die Kunststücke bei, mit denen wir auch im Zirkus auftreten können!"

„Das würde ich liebend gern tun", antwortet Olga bedauernd. „Aber leider ist das vollkommen unmöglich. Nach der letzten Vorstellung auf der großen Wiese hinter dem Waldrand zieht der Zirkus morgen in eine andere Stadt. Weil ihr zu viele Dinge noch nicht kennt, wäre es für euch dort viel zu gefährlich. Eure Heimat ist der Wald und das ist auch gut so. Das könnt ihr mir wirklich glauben."

„Was meinst du denn damit?", möchte Schnuffel enttäuscht wissen. „Du weißt doch, dass uns gerade das am meisten interessiert, was wir noch nicht kennen."

„Dabei denke ich zum Beispiel an die Autos in der Stadt", erklärt das Papageien-Mädchen dem niedlichen, kleinen Hasen. „Die müsst ihr euch noch viel, viel größer vorstellen als das Zelt, das Sven und sein Vater am Teich aufgebaut haben. Die Menschen stellen sie aus Metall her. Deshalb sind sie so hart wie ein Stein. Und sie rasen blitzschnell von einem Ende der Stadt zum anderen."

Was Olga damit meint, können die Tierkinder zwar nicht ganz begreifen, aber sie geben trotzdem entmutigt auf. Weil das Papageien-Mädchen schon viel mehr von der Welt gesehen hat als sie, muss es ja wissen, wovon es da spricht.

„Kannst du uns dann nicht wenigstens den Weg zeigen, der uns ins Märchenland führt?", fragt Ellie mit einem flehenden Blick, der selbst das härteste Herz zum Schmelzen bringen würde.

„Nein, meine Kleine", erwidert Olga traurig. „Das kann ich leider auch nicht. Dort war ich ja selbst noch nie. Ich weiß aber, dass es viele verschiedene Wege gibt, auf denen man dorthin gelangen kann. Im Märchenland sind nur sehr wenige Tiere willkommen, die der große Zauberer in seiner Glaskugel erkennt. Für alle anderen ist und bleibt dieses geheimnisvolle Land für immer unsichtbar. Weil ich euch alle inzwischen aber ziemlich gut kenne, glaube ich, dass ihr tatsächlich etwas ganz Besonderes seid. Wenn ich damit recht habe, kommt ihr eines Tages von selbst dahin."

„Wie können wie denn herausfinden, ob wir zu diesen wenigen Tieren gehören?", fragt Zick ungeduldig nach.

„Das werdet ihr wohl erst in dem Moment erfahren, wenn sich die Tore des Märchenlandes für euch öffnen", meint Olga mit einem verheißungsvollen Lächeln. „Noch vor Kurzem war es euer größter Wunsch, einem Menschen zu begegnen. Und siehe da, ihr habt zwei Menschen kennengelernt und Zack hat jetzt sogar einen von ihnen zum Freund. Also muss das für euch schon lange vorher so bestimmt gewesen sein. Wenn es euer Schicksal vorsieht, dass ihr das Märchenland betreten dürft, wird euch der Weg eines Tages ganz von allein dorthin führen und es wird euch genauso finden wie die Menschen."

Damit müssen sich die Tierkinder erst einmal leise murrend zufriedengeben.

„Die Geduld zählt wirklich nicht zu euren Stärken", schmunzelt Olga. „Aber wartet nur ab! Ihr werdet sicher schon bald wissen, ob ihr dafür auserwählt seid."

Als sich die kleinen Entdecker nach dieser rätselhaften Andeutung von ihrer klugen und hilfsbereiten Freundin verabschieden müssen, wünschen sich alle von Herzen, sie möglichst bald wiederzusehen. Kurz darauf beobachten sie sehnsüchtig, wie das Papageien-Mädchen auf den Waldrand zu fliegt. Nach und nach verblassen die leuchtend bunten Farben ihres Gefieders in der Abendsonne, bis die Tierkinder nur noch einen winzig kleinen Punkt am Himmel erkennen können. Auch an diesem Tag haben sie wieder unvorstellbar viel erlebt. Das alles müssen sie sich jetzt erst einmal in Ruhe durch den Kopf gehen lassen. Außerdem spüren plötzlich alle, wie müde sie die ganze

Aufregung gemacht hat. Als Zack vorschlägt, dass sie sich für ein Weilchen ausruhen sollten, sind alle sofort einverstanden.

Dafür suchen sie sich ein gemütliches Plätzchen im Gras aus. Die Abendsonne lässt den Wald in einem wunderschönen, goldenen Licht erstrahlen. Obwohl es keiner von ihnen laut ausspricht, denken die Tierkinder in diesem Moment alle dasselbe. Genau so stellen sie sich nämlich das Märchenland vor.

„Es ist wirklich zu schade", murmelt Zack vor sich hin. „Nach allem, was heute passiert ist und was Olga uns erzählt hat, wissen wir immer noch nicht, ob wir das Märchenland jemals finden werden."

Bevor sie weiter grübeln können, müssen sich die kleinen Entdecker aber erst einmal um ganz andere Dinge kümmern. Die meisten von ihnen haben nämlich vor Hunger schon Magenknurren. Deshalb beschließen sie, im Gebüsch leckere Beeren zu sammeln und in dieser Nacht auf der Wiese unter den Tannen zu schlafen.

Ganz allmählich wird es immer dunkler. Hoch oben über den Baumwipfeln lächelt ihnen der Mond freundlich zu.

Während sie sich die köstlichen Beeren schmecken lassen, sind die Tierkinder ungewohnt still. Schon bald schläft eines nach dem anderen ein.

In ihren Träumen öffnet sich direkt vor ihren Augen die Tür zum Märchenland.

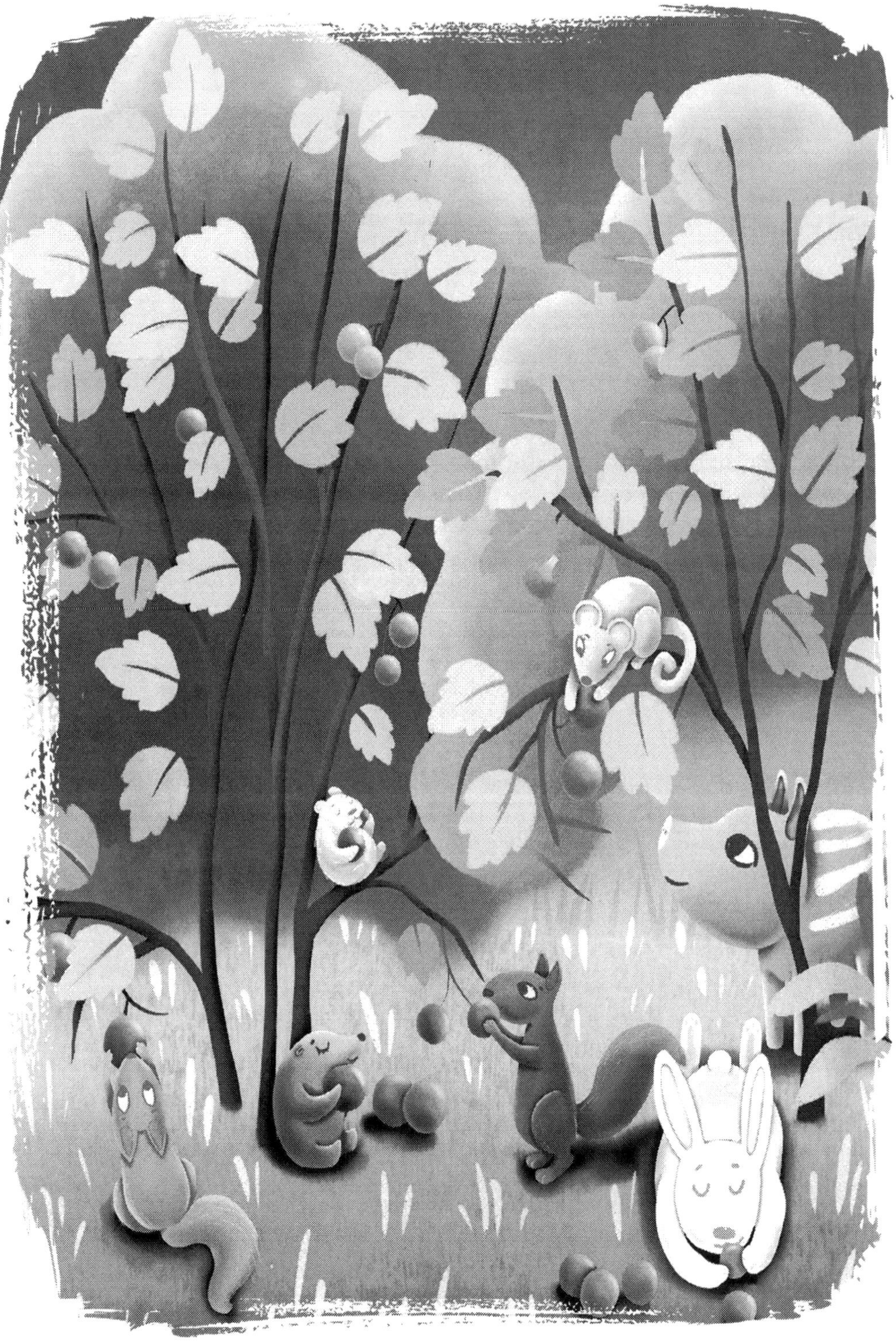

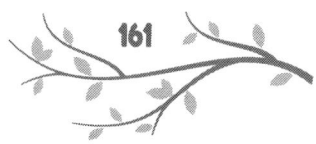

Kapitel 29

Eine Rettung aus höchster Not

„Hilfe! Hilfe!", schreit eine mürrische Stimme ganz in ihrer Nähe.
Völlig erschrocken springen die Tierkinder auf. So sind sie bisher noch nie geweckt worden. Na, wenigstens ist es inzwischen schon hell. Noch ein wenig verschlafen und gleichzeitig vor Schreck hellwach schauen sie sich fragend an. Haben sie vielleicht nur geräumt?
„Los, ihr faulen Schlafmützen! Beeilt euch gefälligst! Holt mich endlich hier raus!", kreischt die vor Angst verzerrte Stimme weiter. „Hilfe!"
Blitzschnell vergewissern sich die kleinen Entdecker, dass keiner von ihnen fehlt. Zum Glück sind sie alle noch da und Zick scheint dieses Mal nichts damit zu tun zu haben.
„Meint der etwa uns?", fragt Ellie empört. „Das ist doch eine absolute Unverschämtheit! Wir und faul? Der spinnt wohl?"
„Wo kommt denn dieser furchtbare Krach her? Und woher kennt uns dieser Schreihals?", möchte das schüchterne Maulwurf-Mädchen Julchen ängstlich wissen.
„Das können wir nur herausfinden, wenn wir der Stimme folgen und danach suchen", beschließt Zack, den seine Neugier inzwischen putzmunter gemacht hat.
„Vielleicht ist das ja ein Trick und der Fremde will uns in eine Falle

locken", warnt Lea, das hübsche Rehkitz-Mädchen, ihre Freunde.
„So klingt das eigentlich nicht", meint der kleine Hamster Jerry. „Ich glaube, derjenige, der da so laut um Hilfe schreit, ist wirklich in Not."
„Dann müssen wir ihm unbedingt helfen", stellt Schnuffel entschlossen fest. „Im Wald sind wir Tiere doch alle füreinander da. Deshalb sind wir dafür verantwortlich, dass niemandem etwas passiert."
Damit ist die Entscheidung gefallen. Zack teilt seine Freunde in Dreiergruppen auf, die den Wald durchsuchen sollen. Dass die brummige Stimme ohrenbetäubend brüllt, vereinfacht das Ganze enorm. Schon nach wenigen Minuten ruft das schlaue Füchschen Felix die anderen zu sich: „Kommt alle schnell her! Molli, Julchen und ich haben ihn entdeckt."
Sofort eilen alle in die Richtung, in der sie Felix vermuten.
Sobald sie sich dort versammelt haben, bleiben sie erst einmal völlig verblüfft stehen.
Was ist das denn schon wieder?
Zwischen den Wurzeln eines besonders hohen, alten Baumes ragen zwei klitzekleine und wild strampelnde Füße in die Luft empor. Noch seltsamer ist es, dass diese Füßchen in den gleichen komischen Dingern stecken, die sie bei Sven und seinem Papa gesehen haben.

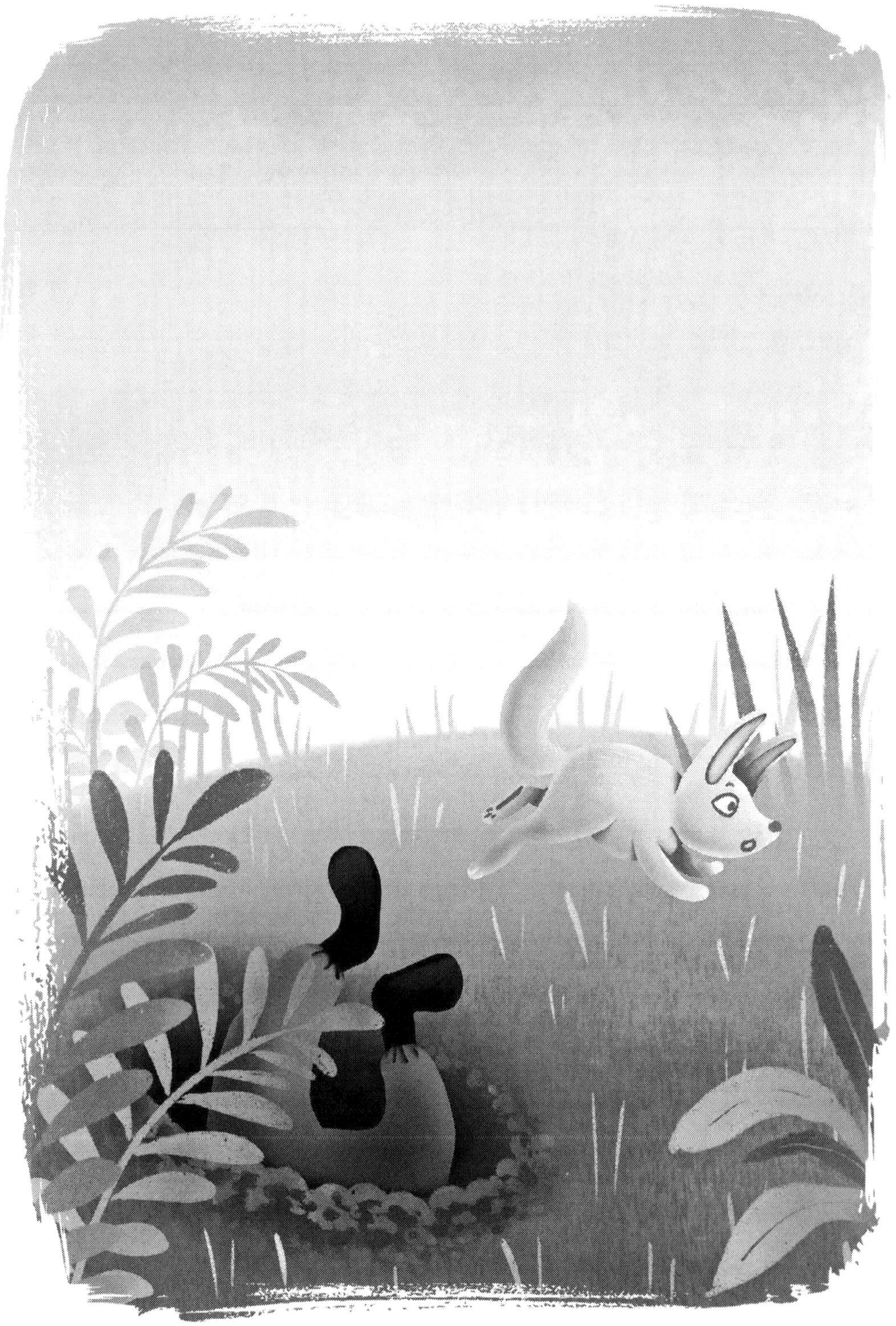

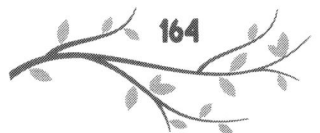

Nein! Im Vergleich mit ihnen sind die Menschen richtige Riesen. So winzig kann keiner der Zweibeiner sein. Und ohne Olgas Hilfe würden sie ihre Sprache doch gar nicht verstehen können.

„Jetzt tut doch endlich etwas!", reißt sie die schrille Stimme aus ihren Gedanken. „Wie lange wollt ihr denn noch faul hier herumstehen? Ihr seid ja wirklich zu nichts zu gebrauchen. Man muss nicht besonders klug sein, um mich aus diesem blöden Loch herauszuziehen. Danach könnt ihr von mir aus machen, was ihr wollt …"

„Wenn jemand so unhöflich ist, möchte ich ihm eigentlich gar nicht helfen", flüstert Julchen den anderen zu.

„Ich sehe das ganz genauso", stimmt Zack dem Maulwurf-Mädchen zu. „Trotzdem müssen wir jeden retten, der unsere Hilfe braucht. Bei einem Tier oder einem Menschen in Not dürfen wir nicht danach gehen, ob er nett oder unfreundlich ist."

Obwohl manche der Tierkinder befürchten, das unbekannte, kleine Wesen könnte nach seiner Befreiung ziemlich böse und gemein werden, halten am Ende alle Zacks Meinung für richtig.

Weil Molli, das Wildschwein-Mädchen, und Felix, der schlaue Fuchs, die Stärksten sind, übernehmen sie die Aufgabe, nach den kleinen Füßen des Schreihalses zu greifen und ihn Stück für Stück nach oben zu ziehen. Inzwischen ist allen klar, dass der komische Fremde kopfüber in ein Loch gefallen war, wahrscheinlich in einen verlassenen Bau. Vor längerer Zeit hat dort vielleicht eine Fuchs- oder Hasenfamilie gelebt, die später an einen anderen Ort gezogen ist. Kein Wunder, dass er sich nicht aus eigener Kraft befreien konnte. Der Größte ist der missmutige Knirps ja wirklich nicht.

Als es Molli und Felix geschafft haben und der seltsame, kleine Kerl auf dem Bauch vor ihnen liegt, staunen die kleinen Entdecker nicht schlecht. Einem Wesen wie diesem sind sie im Wald noch nie zuvor begegnet.

Während sich der Schreihals mühsam aufrappelt, mustern sie ihn neugierig. Der Winzling klopft sich den Staub ab und streicht mit seinen klitzekleinen, dicken Händchen das glatt, was auch die Menschen an ihrem Körper tragen. Nur so eine lange, spitze Zipfelmütze in hellem Orange sehen sie heute zum ersten Mal.

Noch mehr wundern sie sich über die grauen Haare im unteren Teil seines Gesichts.

„Glotzt mich nicht so dumm an!", knurrt sie der kleine Kerl giftig an.

„Habt ihr etwa noch nie einen Zwerg gesehen?"

Einen Zwerg? Was soll das jetzt schon wieder bedeuten?

„Ich weiß, was das ist", meldet sich Ellie ganz aufgeregt zu Wort.

„Meine Oma hat mir schon spannende Geschichten über die Zwerge erzählt. Sie sehen den Menschen fast zum Verwechseln ähnlich, sind aber viel kleiner. Und wisst ihr, was das Interessanteste ist? Das erratet ihr nie im Leben!"

Ratlos schütteln ihre Freunde den Kopf.

„Nun sag schon!", fordert sie Felix ungeduldig auf.

„Die Zwerge gehören zu den Bewohnern des Märchenlandes", verkündet Ellie mit einem vielsagenden Lächeln. „Meine Oma würde so etwas niemals sagen, wenn es nicht stimmt."

Daraufhin schauen die kleinen Entdecker Ellie wie vom Donner gerührt an.

Zack findet zuerst seine Stimme wieder.

„Moment mal! Das heißt doch, dass wir endlich einen eindeutigen Beweis dafür haben, dass das Märchenland tatsächlich existiert", jubelt er triumphierend. „Ich wusste es immer, dass wir den eines Tages finden." Vor lauter Begeisterung dreht er sich mehrmals im Kreis herum. Zum Abschluss springt er übermütig in die Luft.

„Habt ihr etwa ernsthaft daran gezweifelt?", brabbelt der schlecht gelaunte Zwerg vor sich hin. „Dann seid ihr ja noch viel dümmer als ich gedacht habe."

In diesem Augenblick reicht es den kleinen Entdeckern. Diese Unhöflichkeit werden sie sich keine einzige Sekunde länger gefallen lassen.

„Meinst du nicht, es wäre gut, ein bisschen Dankbarkeit zu zeigen?", schimpft Zick empört. Dabei geht er angriffslustig auf den kleinen Kerl zu. „Immerhin haben wir dir gerade das Leben gerettet. Dafür musst du uns jetzt nicht auch noch beleidigen."

„Ganz genau", protestiert Ellie, die sich neben Zick stellt. „Wer bist du überhaupt?"

„Ich bin der allseits berühmte und kluge Zwerg Max", antwortet der mürrische Knirps nicht mehr ganz so brummig. „Aber alle nennen mich Knötter-Max. Nachdem ihr meine Bekanntschaft gemacht habt, dürft ihr das natürlich auch tun. Fragt mich aber bloß nicht, wie ich zu diesem Spitznamen gekommen bin! Das kann ich euch nämlich unmöglich erklären."

Da brechen die Tierkinder plötzlich in schallendes Gelächter aus. Warum man dem kleinen Kerlchen diesen Spitznamen gegeben hat, ist ja wirklich nicht schwer zu erraten.

Kapitel 30

Eigentlich ist er richtig nett

Nachdem sich die kleinen Entdecker wieder beruhigt haben, mustern sie den Zwerg von oben bis unten. Er hat seine winzigen Fäustchen in seine Hüften gestemmt und sieht sie herausfordernd an.
„Kann mir vielleicht jemand erklären, was daran so lustig sein soll?", fordert er sie angriffslustig auf.
„Entschuldige bitte!", versucht Ellie ihn zu beschwichtigen. „Wir wollten dich wirklich nicht auslachen, aber irgendwie passt dein Spitzname schon fast zu gut zu dir."
In diesem Moment tritt Zack, der dem Besucher aus dem Märchenland am liebsten tausend Fragen auf einmal stellen möchte, nach vorn zu Ellie und Zick.
„Da hat sie vollkommen recht", stimmt er seiner Freundin zu. „Ich glaube, wir waren eben alle ein bisschen aufgeregt und du hattest sicher Angst. Lass uns das einfach vergessen und vernünftig miteinander reden! Was meinst du? Also, ich bin Zack und es freut mich sehr, dich kennenzulernen."
Im Anschluss an diese Begrüßung stellt er dem Knötter-Max seinen Bruder und seine Freunde vor. Natürlich erklärt er ihm auch, dass sie den Klub der Entdecker gegründet haben und gerade dabei sind, den Wald zu erforschen.

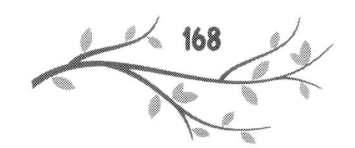

„Das weiß ich doch schon lange", murmelt der immer noch mürrische Knirps.
„Wer hat dir das denn erzählt?", möchte Schnuffel wissen.

170

„Seit ein paar Tagen habe ich euch heimlich beobachtet", gibt der Zwerg überraschend und kleinlaut zu. „Was ihr alles erlebt habt, war ja ziemlich spannend. Das muss ich euch ehrlich sagen."

„Aha", meint Zack nachdenklich. „Daher wusstest du also, dass wir ganz in der Nähe sind. Wenn das so ist, wirst du sicher verstehen, dass wir jetzt auch alles über dich wissen wollen."

Auf diese Gelegenheit scheinen die anderen nur gewartet zu haben. Wie auf Kommando stürmen sie mit Fragen auf ihren neuen Bekannten ein.

„Was hast du denn da im Gesicht?" Was das wohl sein könnte, geht Lea, dem hübschen Rehkitz-Mädchen, seit einer Weile durch den Kopf.

„Das ist mein Bart", verkündet Knötter-Max voller Stolz. „Gefällt er euch etwa nicht?"

„Nein, nein", beeilt sich Zack dem Zwerg zu versichern, weil er ihn auf gar keinen Fall noch mehr verärgern will. „Wir finden ihn alle sehr schön. So etwas haben wir eben nur noch nie gesehen."

Zum Glück gibt sich der Knirps damit zufrieden.

„Wie konnte es denn passieren, dass du in das Loch gefallen bist?", erkundigt sich Zick mitfühlend. Eigentlich ist er ja derjenige, der sich immer in Schwierigkeiten bringt.

„Ganz einfach", antwortet ihm der Zwerg. „Ich wollte mir einen gemütlichen Platz zum Schlafen suchen. Weil es aber schon spät und viel zu dunkel war, bin ich über eine Wurzel gestolpert und kopfüber in dem Loch gelandet."

Alle sehen ihm deutlich an, dass ihm das ein bisschen peinlich ist.

Deshalb gibt Zick ohne zu zögern zu, dass er auch ständig solches Pech hat.

„Dann ist es doch gut, dass wir nicht weit weg waren und dich hören konnten", stellt der kleine Hamster Jerry leise fest.

„Ja, ja", flüstert der Zwerg mit einer kaum hörbaren, versöhnlichen Stimme. „Ich bin euch ja auch dankbar dafür, dass ihr mich gerettet habt."

„Na bitte!", freut sich Ellie. „In Wirklichkeit bist du doch eigentlich richtig nett. Das habe ich von Anfang an vermutet."

Daraufhin dreht sie sich zu den anderen um und fügt noch hinzu:

„Sicher war er nur so schlecht gelaunt, weil er furchtbar erschrocken ist und Angst hatte. Wahrscheinlich wäre es uns in dieser Lage auch so gegangen."

Mit so viel Verständnis hat Knötter-Max absolut nicht gerechnet. Obwohl er das nie zugeben würde, berühren Ellies Worte sein Herz. Gegen seinen Willen mag er diese Tierkinder immer mehr. Um das nicht laut aussprechen zu müssen, möchte er es ihnen lieber auf eine andere Art und Weise zeigen.

„Ich glaube, ich schulde euch einen Gefallen, weil ihr mich aus dem Loch befreit habt", murmelt er. „Also, was kann ich für euch tun?"

Einen Vorschlag wie diesen hatten die kleinen Entdecker von dem Zwerg niemals erwartet. Trotzdem fällt Zack auf Anhieb etwas ein.

„Wenn du uns schon ein paar Tage lang gefolgt bist, weißt du ja, dass wir vor kurzem zwei Menschen begegnet sind", beginnt er. „Nachdem uns das gelungen ist, wünschen wir uns mehr als alles andere auf der Welt, auch den Weg ins Märchenland zu finden. Dort bist du doch zu

Hause. Deshalb müsste es für dich kinderleicht sein, uns den Weg zu zeigen. Würdest du das für uns tun?"

Mit bewundernden Blicken schauen die anderen Tierkinder das mutige Eichhörnchen an. Wie immer hat er die beste Idee von allen. Warum fällt ihnen nie selbst so etwas Tolles ein?

Während Knötter-Max mehrere Minuten lang angestrengt nachdenkt und mit sich selbst zu kämpfen scheint, hört man von den kleinen Entdeckern keinen einzigen Mucks mehr.

Wird der Zwerg tatsächlich dazu bereit sein, sie in das Land ihrer Träume zu führen? Das wäre mit Abstand das Allerschönste, das sie sich vorstellen können.

Endlich räuspert sich der gar nicht mehr missmutige, kleine Kerl, bevor er sich dazu entschließt, den so freundlichen und hilfsbereiten Tierkindern die Wahrheit zu sagen.

„Das würde ich ja sehr gern machen", druckst er verlegen herum. „Ganz ehrlich! Es wäre mir sogar eine Ehre. Dummerweise ist es mir aber für eine Weile nicht erlaubt, nach Hause zurückzukehren. Seitdem mich der große Zauberer aus dem Märchenland herausgeworfen hat, bleibt der Weg dorthin für mich genauso unsichtbar wie für euch. Es tut mir wirklich sehr leid."

„Wie konnte das denn passieren? Dass jemand nicht mehr nach Hause kommen darf, finde ich total gemein", empört sich das sonst eher ruhige Maulwurf-Mädchen Julchen. „Dann muss dieser Zauberer wohl ziemlich böse sein."

„Nein, er ist eigentlich sogar sehr freundlich und er trifft nie eine ungerechte Entscheidung. Ich bin ja selber schuld", gesteht Knötter-Max den Tierkindern. „Weil ich zu den anderen Bewohnern des Märchenlandes nicht besonders nett war, darf ich mich dort so lange nicht mehr blicken lassen, bis ich mich geändert habe."

„Wie lange musst du denn darauf noch warten?", fragt Ellie mitfühlend.

„Das weiß ich auch nicht so genau", brummt der Zwerg vor sich hin. „Sobald ich gelernt habe, zu den anderen nett zu sein, werde ich den Weg zurück ganz von allein wiederfinden. So hat es mir der Zauberer erklärt."

„Du Ärmster!", bemitleidet ihn Ellie mit einem traurigen Blick. „Dann ist es ja kein Wunder, dass du vorhin so schlecht gelaunt warst. Ich glaube, du bist ein ganz lieber Kerl, der nur manchmal ein bisschen Angst davor hat, dass ihn die anderen nicht mögen. Und deswegen spielst du ihnen den unfreundlichen Nörgler vor, damit du dich stärker fühlst. Das musst du bei uns aber nicht tun. Wir mögen dich nämlich genau so, wie du bist."

„Meinst du das wirklich ehrlich?", fragt der Zwerg misstrauisch nach. Was Ellie gesagt hat, scheint ihm unheimlich gut zu gefallen.

Kapitel 31

Eine gute Tat

„Ellie hat recht", mischt sich Zack in das Gespräch zwischen dem Mäuse-Mädchen und dem Zwerg ein. „Also, Knötter-Max, wenn du möchtest, bist du von jetzt an nicht mehr allein. Du hast nämlich gerade viele neue Freunde gefunden. Herzlich willkommen im Klub der Entdecker!"

Dass der kleine Kerl so glücklich strahlen kann wie in diesem Augenblick, hätte vorher keines der Tierkinder für möglich gehalten.

Weil die kleinen Entdecker nun die Geschichte des Zwerges kennen, verstehen sie sehr gut, warum er sich so unhöflich verhalten hat. Deshalb ist ihm keiner böse. Ganz im Gegenteil! Er tut ihnen leid und sie sind ganz besonders nett zu ihm, damit er sich wohlfühlt.

Und sie scheinen damit Erfolg zu haben. Von Tag zu Tag wird der bei ihrer ersten Begegnung so schlecht gelaunte Knirps ein bisschen fröhlicher und liebenswerter. Während sie alle gemeinsam durch den Wald wandern, unterhält er sich mit seinen Freunden. Ab und zu hört man ihn sogar lachen.

Tagsüber erzählen ihm die Tierkinder, was sie bisher schon alles erlebt haben. Am Abend vor dem Einschlafen muss ihnen der Zwerg in allen Einzelheiten beschreiben, wie es im Märchenland aussieht. Davon können die kleinen Entdecker nie genug bekommen. Sobald er zu sprechen beginnt, wird es mucksmäuschenstill, weil alle ihre Ohren ganz weit aufsperren und an seinen Lippen hängen.

Wie sehr sie sich danach sehnen, das Land ihrer Träume irgendwann doch noch mit eigenen Augen zu sehen, hat der kleine Zwerg längst begriffen. Dadurch empfindet er sein Heimweh nur noch als halb so schlimm.

Als Knötter-Max gerade eine seiner fantastischen Geschichten über die Zauberkräfte des weißen Einhorns Silbermähne beendet hat, flüstert Ellie kaum hörbar: „Hoffentlich begegnen wir bald dem weisen, grauen Wolf oder der Eule, die uns sagen können, wie man ins Märchenland kommt."

Damit spricht sie allen aus der Seele.

An den darauffolgenden Tagen geht ihr Wunsch aber leider nicht in Erfüllung. Auf ihrer Entdeckungsreise lernen die Tierkinder noch einen gutmütigen Waschbären, eine uralte Schildkröte und einen liebenswürdigen Dachs kennen, von denen sie wieder viel Neues über das Leben im Wald erfahren. Über das Märchenland weiß aber niemand mehr als ihr neuer Freund, der Zwerg.

Als sie von ihm schon sehr lange kein böses Wort mehr gehört haben, meint Zack schließlich: „Irgendwie passt der Spitzname Knötter-Max nicht mehr zu dir. Von heute an werde ich dich einfach nur noch Max nennen."

Dieser Entscheidung schließen sich die anderen nur allzu gern an. Zwischen Zick, der Max schon ganz am Anfang verraten hat, dass er manchmal auch ein ziemlicher Pechvogel ist, und dem Zwerg entwickelt sich eine immer engere Freundschaft.

Deswegen ist Max fast zu Tode erschrocken, als Zick an einem sonnigen Morgen über eine dicke Wurzel stolpert, die er glatt übersehen hat. Im einem hohen Bogen fliegt er durch die Luft und landet auf seinem Rücken.

Besorgt bilden die Tierkinder einen Kreis um ihren kleinen Tollpatsch.

„Wie konnte das denn passieren?", fragt Zack seinen Bruder ängstlich. „Hoffentlich hast du dich nicht verletzt!"

Zick muss sich erst wieder aufrappeln, bevor er ihm antworten kann: „Ich war wohl für einen Moment abgelenkt, weil ich beim Laufen dort oben im Baum einen interessanten Vogel entdeckt habe. Immerhin hätte es ja sein können, dass das die Eule ist, nach der wir suchen. Tut mir leid. In Zukunft werde ich besser aufpassen. Fest versprochen."

Dass man so etwas nicht allzu ernst nehmen sollte, wenn Zick es sagt, ist Zack natürlich klar. In diesem Augenblick denkt er aber nicht lange darüber nach, weil er unendlich froh darüber ist, dass sein Bruder ohne Schmerzen aufstehen kann. Also hat er wieder einmal großes Glück gehabt. Oder etwa doch nicht?

„Was hast du denn da an deinem rechten Pfötchen?", ruft Schnuffel entsetzt.

Erst dadurch bemerken alle die dicke Beule, die dort unaufhaltsam wächst und die sich langsam dunkelblau verfärbt.

Oh je! Die hat sich Zick bei seinem Sturz eingefangen. Während er sie verblüfft betrachtet, spürt er, wie weh sein Pfötchen tut.

Obwohl er immer so tapfer sein möchte wie sein Bruder, fängt

Zick nun doch an, herzzerreißend zu jammern: „Aua! Aua! Das zwickt ganz furchtbar."

Vor lauter Mitleid selbst ganz traurig schauen ihn die kleinen Entdecker an. Liebevoll legt Zack einen Arm um seinen Bruder. Mit aufmunternden Worten versuchen die Tierkinder, ihren armen Freund zu trösten. Wie man ihm wirklich helfen könnte, weiß aber keiner von ihnen.

Während sich alle noch ratlos anschauen, geht Max auf Zick zu.

„Ich hätte da eine Idee", flüstert er ihm leise zu. „Vertraust du mir?"

Mit Tränen in den Augen gibt sich Zick alle Mühe, so entschlossen wie möglich zu nicken.

Darauf hat Max nur gewartet. Noch ehe die anderen erkennen können, was er da tut, zieht der Zwerg einen winzig kleinen, runden Gegenstand aus dem weichen Zeug heraus, das er seine Jacke nennt. Nachdem er das geheimnisvolle Ding geöffnet hat, steckt er einen seiner Finger hinein und streichelt kurz darauf die Beule auf Zicks Pfötchen.

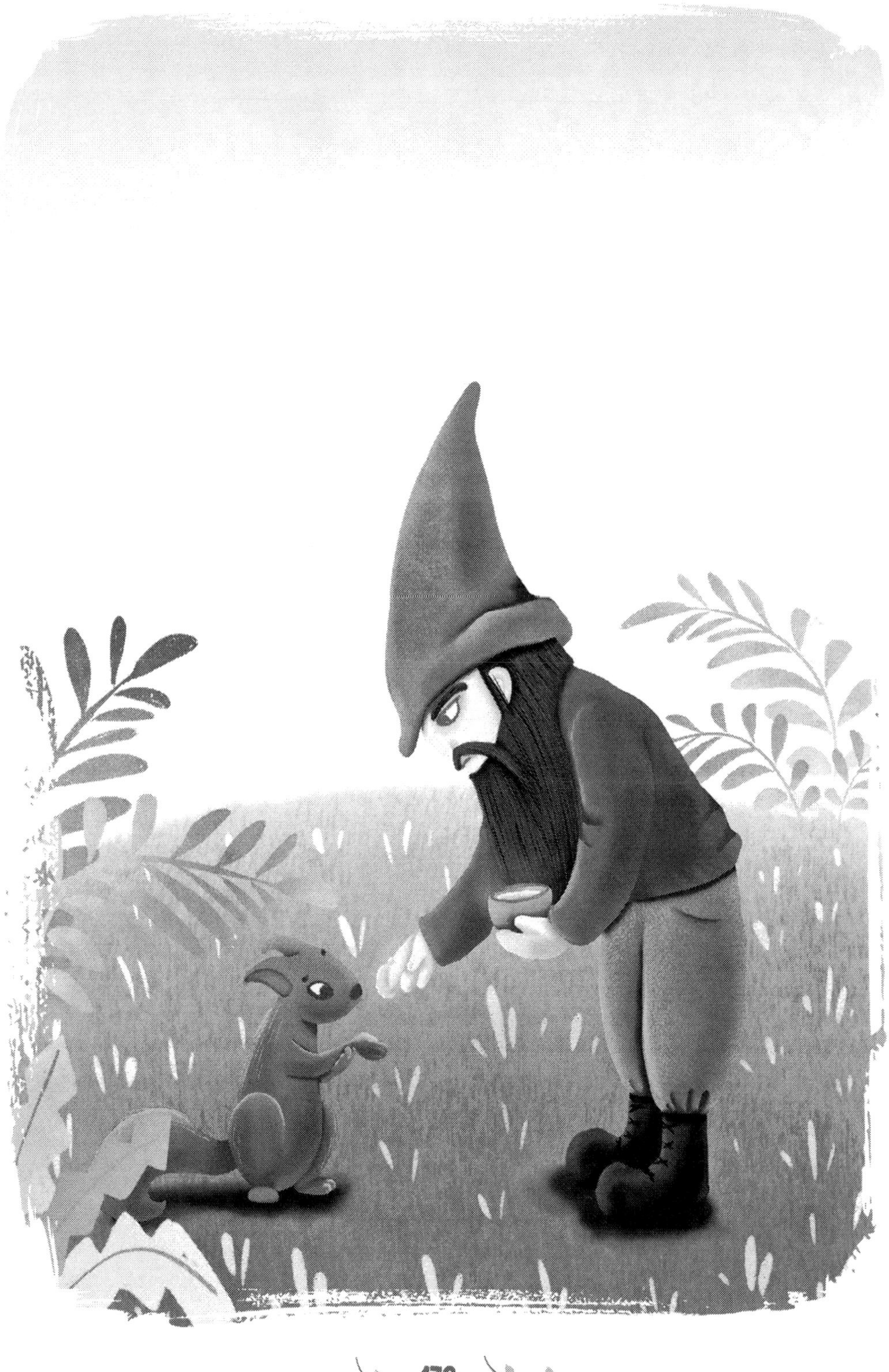

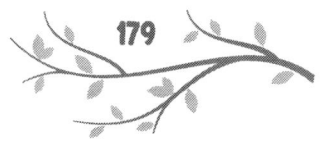

„Aua!", schreit Zick noch einmal auf. Im nächsten Moment werden seine Augen genauso groß wie die seiner Freunde, die alles aufmerksam beobachten.

Ganz von allein wird die Beule urplötzlich kleiner und kleiner, bis sie komplett verschwunden ist. Gleichzeitig steigt den kleinen Entdeckern der Duft von frischen Kräutern in die Nasen.

„Danke! Danke!" jubelt Zick. „Es tut überhaupt nicht mehr weh."

Im Nu sieht Zicks Pfötchen so aus, als ob es nie verletzt gewesen wäre. Jetzt ist Max den völlig sprachlosen Tierkindern aber eine Erklärung schuldig.

„Verratet das bitte bloß niemandem, falls ihr eines Tages ins Märchenland kommt!", bittet er sie. „Eigentlich ist es nämlich streng verboten, etwas von dort mit in eure Welt zu nehmen. Als sie mich weggeschickt haben, konnte ich aber nicht widerstehen. Ich wollte wenigstens eine einzige Kleinigkeit mitnehmen, die mich an mein Zuhause erinnert. In der Eile konnte ich nur schnell nach dieser Zauber-Salbe greifen, die jede Verletzung im Handumdrehen heilt. Vielleicht sollte das ja so sein, weil ich sie für Zick gebraucht habe."

Die kleinen Entdecker kommen aus dem Staunen gar nicht mehr heraus. Vor Dankbarkeit ganz gerührt umarmt Zack den Zwerg, der ein Wunder vollbracht hat, um seinen Bruder von den schlimmen Schmerzen zu befreien.

„Wie gut, dass du ausgerechnet diese Salbe bei dir hattest!", jauchzen die Tierkinder, die vor Freude um Zick, Zack und Max herumtanzen.

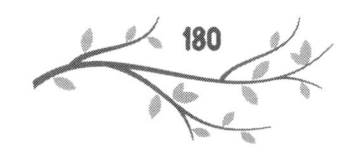

„Wenn der große Zauberer erfährt, dass ich etwas aus dem Märchenland herausgeschmuggelt und es hier sogar verwendet habe, darf ich nie wieder zurück nach Hause", murmelt Max verzweifelt. „Aber ich wollte doch unbedingt etwas für meinen Freund Zick tun."

„Keine Angst!", schwören die kleinen Entdecker. „Wir werden es garantiert niemandem sagen. Darauf geben wir dir unser Ehrenwort. Außerdem bist du heute unser Held."

Am Abend dieses Tages tragen Zick und Zack den selbstlosen Zwerg auf ihren Schultern zu der Waldwiese, auf der sie übernachten werden.

Kapitel 32

Der größte Schreck aller Zeiten

Falls es nicht schon vorher so gewesen ist, sind Max und die Tierkinder von diesem Tag an Freunde fürs Leben und für immer unzertrennlich.

Vor allem Zick nennt den hilfsbereiten Zwerg, der ihn von seinen Schmerzen befreit hat, seinen allerbesten Freund. Und Zack wird ihn dafür, was er trotz der eigenen Gefahr für seinen Bruder getan hat, niemals vergessen.

Auf ihren Wanderungen begegnen die kleinen Entdecker nach wie vor freundlichen und interessanten Waldbewohnern, von denen sie ständig etwas Neues lernen. Ganz so sehr wie zu Beginn ihrer Reise können sie sich aber nicht mehr darüber freuen, weil ihnen das Märchenland einfach nicht aus dem Kopf gehen will.

Ohne darüber zu sprechen, hält jeder von ihnen insgeheim und ununterbrochen Ausschau nach dem weisen, grauen Wolf und der klugen Eule, die ihnen vielleicht doch den Weg dorthin zeigen könnten.

Seitdem Zick über die Wurzel gestolpert ist und sich verletzt hat, bleibt er für eine Weile ein bisschen ruhiger und vorsichtiger. Darüber ist Zack natürlich sehr froh.

Was seinen tollpatschigen Bruder in der Zeit nach seinem letzten

Missgeschick pausenlos beschäftigt, ahnt Zack nicht einmal ansatzweise. Sonst würde er sich nämlich schon wieder große Sorgen um ihn machen. Um sich bei seinem Retter Max so zu bedanken, wie er es seiner Meinung nach verdient, möchte der ebenso schusselige wie liebenswürdige Eichhörnchen-Junge dem tapferen Zwerg unbedingt etwas ganz Besonderes schenken. Es soll etwas sein, das Max für alle Ewigkeit an ihn erinnern wird.

Aber wo könnte man denn mitten im Wald ein wirklich fantastisches Geschenk finden? Für ein Eichhörnchen würde es wahrscheinlich ausreichen, ihm die allergrößte Nuss der Welt zu überreichen, aber doch nicht für einen Zwerg aus dem Märchenland.

Als Zick schon seit mehreren Tagen erfolglos nach einem Volltreffer gesucht und die Hoffnung darauf fast aufgegeben hat, fällt sein Blick unerwartet auf etwas Eigenartiges. Auf einer der kleinen Waldlichtungen, auf denen zwischen den hohen Bäumen bunte Blumen und Gräser wachsen, funkelt und glitzert ein seltsamer Gegenstand im hellen Licht der Sonne.

Zunächst tut Zick so, als ob überhaupt nichts passiert wäre. Schließlich soll dieser vielversprechende Fund ja sein Geheimnis bleiben. Deshalb lässt er seine Freunde, die sich in kleinen Gruppen miteinander unterhalten, erst einmal an sich vorbeigehen. Dass er absichtlich hinter ihnen zurückbleibt, fällt zum Glück nicht sofort auf.

Sobald sich die anderen ein Stückchen von ihm entfernt haben, rennt Zick so leise wie nur möglich auf das verheißungsvolle Leuchten zu. Schon nach wenigen schnellen Schritten und ein paar wagemutigen Sprüngen hat er es erreicht.

Was ist das bloß? So ein rätselhaftes Ding wie dieses hat er noch nie zuvor gesehen. Es ist rund und innen hohl und es spiegelt die Sonnenstrahlen so wunderschön wider, dass er seine Augen zukneifen muss. Sonst würde ihn das goldene Licht viel zu sehr blenden.

Na, da wird Max aber staunen!

Furchtlos streckt er seine Hand nach dem geheimnisvollen Gegenstand aus. Er fühlt sich hart, schwer und warm an.

185

Ohne noch länger zu überlegen, streift Zick das Ding über sein linkes Pfötchen. So wird er es sicher am besten mitnehmen und tragen können.

Genau in diesem Moment fällt den Tierkindern auf, dass Zick nicht mehr bei ihnen ist.

„Bleibt bitte mal alle kurz stehen!", befiehlt Zack, der vor Angst ganz blass wird. „Wo ist eigentlich Zick? Kann ihn einer von euch sehen?"

Alle schauen sich ratlos um. Gerade eben war er doch noch bei ihnen. Hoffentlich bringt er sich diesmal nicht in Schwierigkeiten!

„Es ist alles in Ordnung", ruft Ellie ihren Freunden erleichtert zu. „Dort drüben auf der Wiese muss er wohl irgendetwas gefunden haben."

Mit ihrem rechten Pfötchen zeigt sie auf die Stelle, an der sie den kleinen Pechvogel entdeckt hat. Noch in der gleichen Sekunde drehen alle ihren Kopf in die Richtung, die Ellie ihnen vorgibt.

Da ist er also abgeblieben. Zum Glück! Man darf ihn eben nicht eine einzige Minute lang aus den Augen lassen. Und jetzt?

Während die kleinen Entdecker beruhigt aufatmen, scheint sich Zick direkt vor ihnen in Luft aufzulösen, denn ganz plötzlich ist er verschwunden.

Fassungslos starren die Tierkinder auf die Wiese. Dass ihr Freund dort gestanden hat, haben sie sich doch nicht eingebildet. Jeder von ihnen kann es bezeugen.

„Zick!", schreit Zack verzweifelt. „Wo bist du? Lass bitte diesen Unsinn sein! Wenn das ein Scherz sein soll, muss ich dir sagen, dass ihn niemand von uns lustig findet."

Auf eine Antwort seines Bruders wartet er aber leider vergeblich. Keiner der kleinen Entdecker rührt sich vom Fleck. Mit offenem Mund und weit aufgerissenen Augen schauen sie auf die Stelle, an der sie Zick auf eine so unglaubliche Art und Weise verloren haben.

„Glaubt ihr, dass er irgendwann wieder auftaucht?", fragt Julchen, das Maulwurf-Mädchen, schniefend.

„Ohne ihn gehen wir auf gar keinen Fall weiter", beschließt das Häschen Schnuffel mit Tränen in den Augen. „Zick gehört doch zu uns."

„Was sollen wir denn jetzt bloß machen?", möchte der kleine Hamster Jerry wissen.

In dieser schrecklichen Lage wissen auch Ellie und Zack nicht mehr weiter. Sie geben sich zwar alle Mühe, um nicht vor ihren Freunden zu weinen, aber es sieht nicht so aus, als ob sie noch lange stark bleiben können.

„Wenn ich denjenigen erwische, der das meinem Freund Zick angetan hat, kann er sich auf etwas gefasst machen", verkündet Max in dem angriffslustigen Tonfall, den die Tierkinder bei ihrer allerersten Begegnung mit ihm kennengelernt haben.

Dass er seine Hände dabei wütend zu Fäusten ballt, nehmen sie heute genauso wenig ernst. Er kämpft nämlich genauso vergeblich mit den Tränen wie sie.

Bevor die kleinen Entdecker auch noch den letzten Funken Hoffnung verlieren, geschieht etwas vollkommen Unerwartetes.

Über ihren Köpfen erscheint am Himmel ein weißes Licht, das sich vor ihren Augen ganz langsam auf die Wiese herabsenkt. Als es dort angekommen ist, erkennen die Tierkinder in der Mitte des hellen

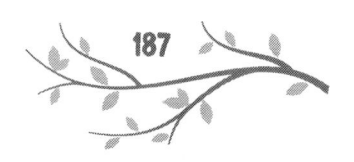

Strahlens das allerschönste Geschöpf, das man sich nur vorstellen kann.

An diesem Tag gibt es wirklich einen guten Grund zum Staunen nach dem anderen.

Das geheimnisvolle Wesen ähnelt einem Menschen-Mädchen mit langen, goldenen Haaren und himmelblauen Augen. Ihr langes, silbernes Kleid funkelt, als ob es aus Millionen von Sternen gemacht wäre. Bei diesem Anblick begreifen sie, woraus das Licht besteht.

„Die Zauberfee Belinda", stammelt Max ganz außer sich. „Hier bei uns im Wald? Das gibt es doch nicht!"

„Guten Tag, meine lieben, kleinen Freundinnen und Freunde", begrüßt sie die Tierkinder mit einem warmherzigen Lächeln. „Ihr müsst die mutigen Entdecker sein, von denen man überall spricht. Für mich ist es eine große Ehre, euch endlich persönlich kennenzulernen."

Eine Ehre? Die mutigen Entdecker, von denen alle reden? Wer denn? Und wo?

Und wie ist es möglich, dass Max dieses bezaubernde Wesen kennt?

Kapitel 33

Echte Freunde halten zusammen

Nachdem die Zauberfee Belinda die Tierkinder so freundlich begrüßt hat, sind sie erst recht sprachlos. Was hat sie damit gemeint? Und woher weiß sie, dass sie die kleinen Entdecker sind? Wie schade, dass Zick das alles nicht miterleben kann! Wo ist er bloß? Als ob die gute Fee ihre Gedanken lesen könnte, schaut sie lächelnd von einem zum anderen.

„Jetzt habt ihr sicher unendlich viele Fragen, die ich euch natürlich auch gern beantworten werde", verspricht sie ihnen mit ihrer sanften Stimme. „Dafür haben wir aber später noch alle Zeit der Welt. Zuerst sollten wir uns besser um euren armen Freund Zick kümmern, bei dem ich mich zunächst ganz herzlich bedanken möchte."

Bedanken? Bei Zick? Wofür? Warum spricht dieses hinreißende Wesen aus dem Märchenland eigentlich immer nur in Rätseln? Tun das dort etwa alle?

Bevor sie noch länger darüber nachgrübeln können, greift die Fee nach etwas in der Luft, das keines der Tierkinder sehen kann.

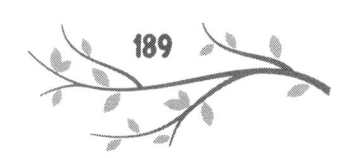

In diesem Augenblick geschehen zwei Dinge gleichzeitig. In der Hand des Märchenwesens liegt plötzlich ein kleiner, runder Gegenstand, der so hell funkelt und glänzt, dass sie ihre Augen zukneifen müssen. Und augenblicklich taucht direkt neben der Fee Zick auf, der ein bisschen verunsichert wirkt, dem aber zum Glück überhaupt nichts passiert ist. So, als ob sie es vorher abgesprochen hätten, stürmen alle blitzschnell auf Zick zu, um ihn glücklich strahlend zu umarmen. Von allen Seiten erklingen begeisterte Jubelrufe, als die Tierkinder und natürlich auch Max wie wild im Kreis um Zick herumtanzen.

„Da bist du ja endlich wieder! Wo hast du denn gesteckt? Auf einmal warst du verschwunden, als ob dich der Erdboden verschluckt hätte", reden sie auf ihn ein.

In dem Durcheinander kommt Zick gar nicht zu Wort. Liebevoll schmunzelnd beobachtet die Zauberfee den wilden Freudentanz der kleinen Entdecker. Nur allzu gern lässt sie ihnen noch ein wenig Zeit, damit sie Zicks Rückkehr ausgiebig bejubeln können.

Nach einer Weile bittet sie die fröhliche Runde aber um Ruhe. Obwohl sie sehr leise spricht, verstummen alle sofort.

„Setzt euch doch einfach mal auf die Wiese!", beginnt sie mit ihrer angenehmen Stimme, die ein bisschen wie Musik klingt. „Ich denke, jetzt ist die Zeit dafür gekommen, euch ein paar Dinge zu erklären. Dass ihr alle so furchtbar erschrocken seid, als euer Freund Zick auf einmal verschwunden war, tut mir sehr leid. Zum Teil ist das nämlich meine Schuld gewesen."

Ihre Schuld? Verständnislos schauen die Tierkinder die wunderschöne Fee an, um die sie einen Kreis gebildet haben. Wer so aussieht und so redet, kann doch unmöglich etwas Böses gewollt haben.

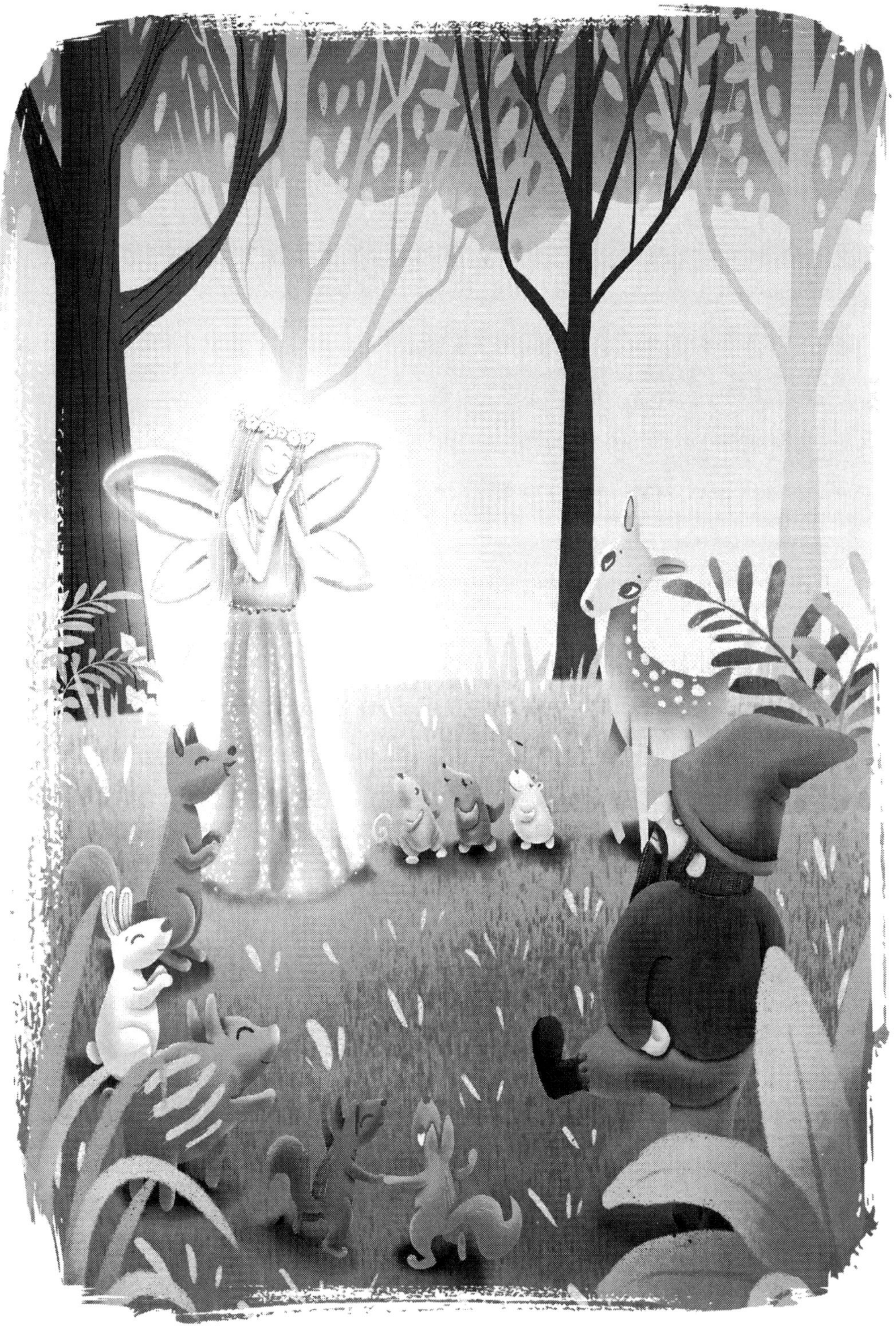

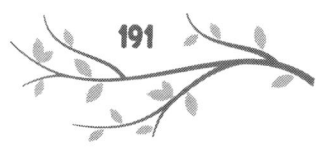

„Glaubt mir bitte, dass das nie meine Absicht war", bestätigt sie ihre Vermutung. „Manchmal passieren durch einen dummen Zufall eben leider die seltsamsten Dinge. Wahrscheinlich wisst ihr nicht, dass die Bewohner des Märchenlandes hin und wieder zur Schatzinsel im Ozean der Träume fliegen, auf der die gutmütigen Drachen unsere Zaubersteine und das Wasser des Lebens hüten."

„Ich würde alles dafür tun, um auch einmal an diesen Ort reisen zu dürfen", flüstert Ellie mit einem sehnsüchtigen Lächeln.

„Als ich gestern auf dem Weg dorthin war, um die Drachen zu besuchen, habe ich für einen kurzen Moment nicht richtig aufgepasst", fährt die Zauberfee spürbar verlegen fort. „Dadurch ist mir während des Fluges mein wertvollster Ring vom Finger gerutscht und in euren Wald gefallen. Ich muss euch gestehen, dass ich es eilig hatte und dass ich ziemlich schnell unterwegs war. Deshalb konnte ich die Stelle, an der ich meinen Ring verloren habe, später leider nicht mehr wiederfinden."

Mit bewundernden Blicken betrachten die kleinen Entdecker den goldenen Ring, den die Fee inzwischen wieder trägt. In der Sonne glitzert er wie Sternenstaub.

„Das ist bestimmt ein Zauberring", bemerkt der schlaue Fuchs Felix beinahe ehrfürchtig.

„Ja, da hast du vollkommen recht", bestätigt die Fee Belinda anerkennend. „Ich bin mir sicher, dass ihr versteht, dass ein so mächtiger Ring auf gar keinen Fall in die falschen Hände geraten darf. Bedauerlicherweise können wir den Zauberring aber nur aufspüren, solange ihn ein lebendes Wesen berührt. Also war es für uns ein großes Glück, dass Zick den Ring gefunden und aufgehoben hat. Von diesem Augenblick an wussten wir nämlich wieder, wo er sich befindet."

„Cool!", ruft Schnuffel bewundernd aus. „Dann ist Zick ja der Held, der den Zauberring gerettet hat."

„So könnte man es ausdrücken", schmunzelt die gute Fee. „Er konnte nur leider nicht ahnen, dass der Ring seinen Besitzer schlagartig unsichtbar macht, wenn er die Zauberformel nicht kennt, die ihn davor schützt."

„Dann wissen wir ja jetzt, warum Zick auf einmal weg war", murmelt der kleine Hamster Jerry verblüfft.

„Und als du ihm den Ring abgenommen hast, konnten wir ihn sofort wieder sehen", überlegt Zack.

„Ganz genau. Das hast du auf Anhieb richtig verstanden", lobt ihn die Fee.

Endlich ergibt das, was gerade passiert ist, einen Sinn. Aus dem Staunen kommen die kleinen Entdecker aber trotzdem nicht so schnell wieder heraus.

„Aus diesem Grund möchte ich mich bei Zick bedanken und bei euch allen dafür entschuldigen, dass ihr so furchtbar erschrocken seid", beendet die liebenswerte Fee ihre Rede. „Als Entschädigung dafür, dass ihr so schreckliche Angst um euren Freund hattet, werde ich euch allen gemeinsam euren größten Wunsch erfüllen. Denkt bitte gut darüber nach, damit ihr auch wirklich das Richtige aussucht und es euch später nicht leidtut!"

„Da gibt es nicht das Geringste zu überlegen", platzt es aus Ellie heraus. „Na los, Zack, sag du es ihr! Du bist schließlich Zicks Bruder."

Mit einem ernsten Nicken steht Zack auf, um für seine Freunde zu sprechen: „Nimm uns bitte mit ins Märchenland, wenigstens für einen einzigen Tag!"

Als Belinda nickt, als ob sie schon längst gewusst hätte, was sie sich wünschen würden, brechen die Tierkinder erneut in ein ohrenbetäubendes Jubelgeschrei aus. Vor Freude und im Überschwang der Gefühle hüpfen sie auf der Wiese umher.

Plötzlich bemerkt Zick, dass einer von ihnen fehlt. Er hat schon seit einer Ewigkeit kein Wort mehr von Max gehört. Was hat das nun wieder zu bedeuten?

Sofort fragt er die anderen, wo der Zwerg abgeblieben ist, und alle fangen an, nach ihm zu suchen. Ein paar Minuten später entdecken sie ihn. Er sitzt hinter einem dicken Baum und schaut sie traurig an.

„Ihr wisst doch, dass ich nicht mehr zurück nach Hause darf, bis mir der große Zauberer verziehen hat, dass ich so unfreundlich war", sagt er mit einer mitleiderregend leisen Stimme. „Aber geht ruhig ohne mich! Das Märchenland zu sehen habt ihr euch doch schon immer gewünscht."

„Nein!", ruft Zack empört. „Du gehörst genauso zum Klub der Entdecker wie wir. Wenn wir nicht alle gemeinsam ins Märchenland gehen können, begleitet keiner von uns die Fee. Echte Freunde halten nämlich zusammen und lassen sich niemals im Stich."

Kapitel 34

Ein großer Traum wird endlich wahr

Was Zack gerade eben beschlossen hat, begeistert seine Freunde. Damit hat er das ausgesprochen, was sie alle fühlen. Die Tierkinder sind sich sofort einig.

„Ja, ganz genau!", rufen sie im Chor. „Ohne Max kann uns das Märchenland gestohlen bleiben!"

„So, so", schmunzelt die Zauberfee Belinda, die plötzlich neben ihnen steht. „Meint ihr wirklich, ich hätte es nicht bemerkt, dass sich der unhöfliche, kleine Zwerg Knötter-Max vorhin hinter euren Rücken vor mir versteckt hat? Und jetzt wollt ihr ihn verteidigen? Glaubt ihr denn tatsächlich, dass er das verdient hat?"

„Er heißt schon lange nicht mehr Knötter-Max", murmelt Ellie leise, aber trotzig. „Das ist unser Freund Max. Wenn er nicht mitkommen darf, möchten wir das Märchenland auch nicht mehr sehen."

„War er zu euch denn freundlich?", fragt die Fee.

„Ganz am Anfang noch nicht", gibt Zack ehrlich zu. „Inzwischen hat er sich aber total verändert. In Wirklichkeit ist er nämlich unheimlich lieb und nett. Das ist euch im Märchenland möglicherweise gar nicht aufgefallen."

Erschrocken halten die Tierkinder den Atem an. Dass Zack sich so furchtlos für Max einsetzen würde, bewundern sie sehr. Er ist eben ein

echter Held. Trotzdem befürchten sie, dass sich ihr Besuch im Märchenland damit endgültig erledigt hat.
Komisch! Die Zauberfee wirkt kein bisschen verärgert. Ganz im Gegenteil! Sie lächelt Zack an, als ob sie mächtig stolz auf ihn wäre.

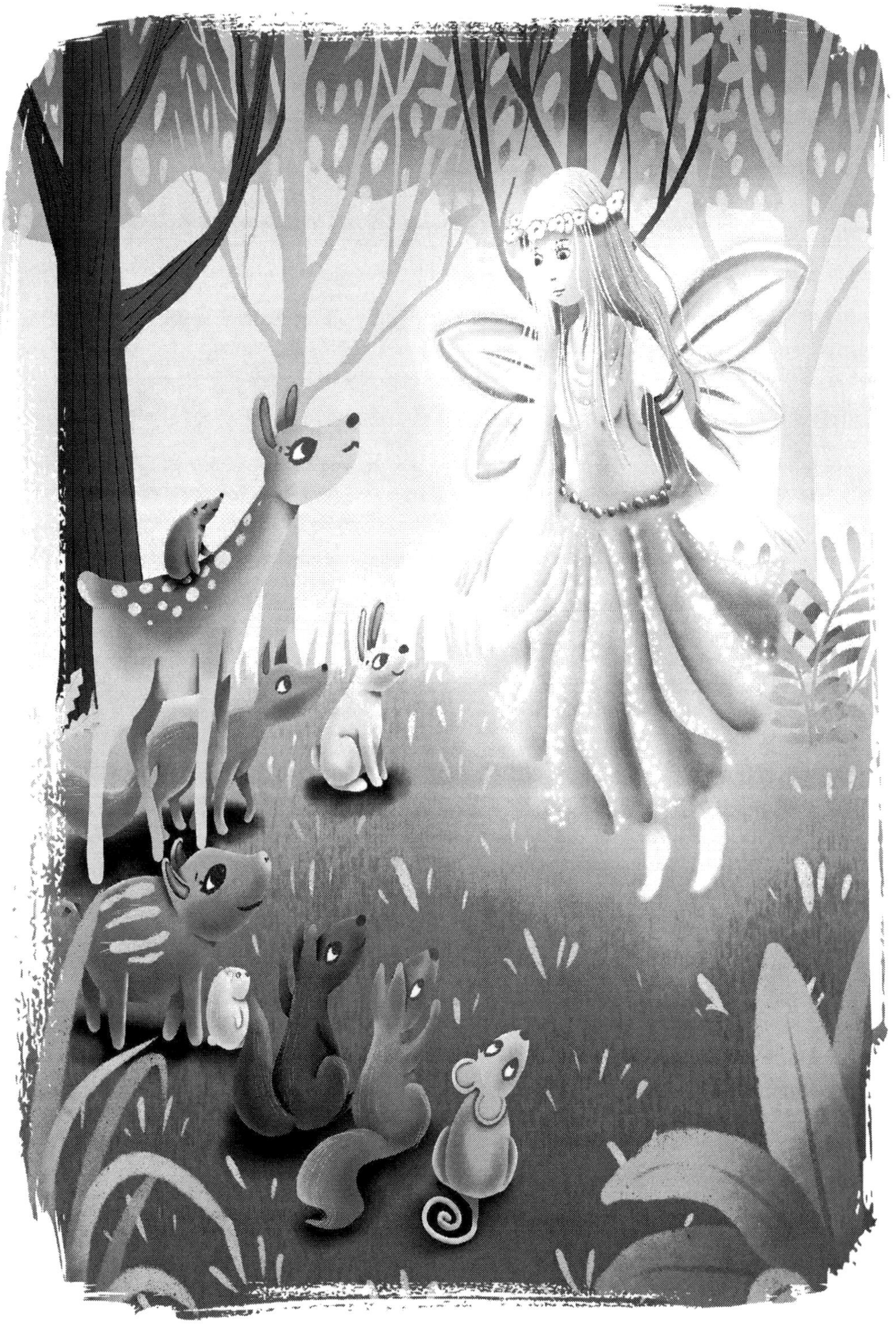

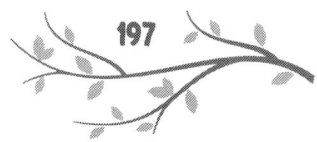

„Könnt ihr mir dann vielleicht auch einen Beweis dafür liefern, dass der mürrische Knötter-Max sich in einen gutmütigen Zwerg verwandelt hat?", möchte sie von den Tierkindern wissen.

„Ja, zum Beispiel hat er meinen Bruder von schrecklichen Schmerzen befreit. Wenn das als gute Tat nicht ausreicht, weiß ich auch nicht mehr weiter", antwortet Zack, ohne vorher darüber nachzudenken.

„Das stimmt, er hat mich mit einem Zaubermittel geheilt", bestätigt Zick voller Stolz.

Huch! Jetzt hat er sich verplappert. Sie hatten Max doch versprochen, dass sie es niemals verraten würden. Hoffentlich gibt das für Max nicht noch mehr Ärger!

Spürbar verlegen wirft Zick seinem Freund einen entschuldigenden Blick zu.

„Ist schon gut", beruhigt ihn der Zwerg. „Du wolltest mir ja nur helfen."

„Keine Angst! Du hast deinem Freund nicht geschadet", versucht die Fee Zick zu trösten. „Natürlich wusste der große Zauberer von Anfang an, dass euer Max die Zauber-Salbe aus dem Märchenland herausgeschmuggelt hat. Das brachte ihn auf die Idee, den aufmüpfigen, kleinen Zwerg auf die Probe zu stellen. Deshalb hat es für uns gar keine Rolle gespielt, dass er die Salbe mitgenommen hat. Wichtig war nur, wofür er sie verwenden würde."

„Und das wisst ihr wahrscheinlich schon lange", vermutet Ellie.

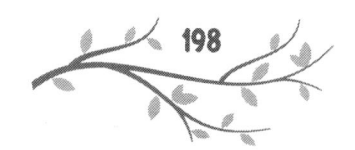

„Oh ja, meine Kleine", gibt ihr die Zauberfee Belinda recht. „Was hier bei euch im Wald geschieht, kann der große Zauberer in seiner Glaskugel sehen. Trotzdem waren wir alle noch ziemlich gespannt darauf, wie ihr euch heute verhalten würdet. Vorhin habe ich euch ja erzählt, dass wir alle im Märchenland die mutigen kleinen Entdecker bewundern, die fest zusammenhalten und jedem Tier mit Freundlichkeit begegnen. Dass ihr heute so tapfer versucht habt, Max zu verteidigen, hat uns endgültig gezeigt, dass ihr alle etwas ganz Besonderes seid. Dadurch habt ihr es erst recht verdient, das Märchenland besuchen zu dürfen."

Nachdem die Fee diese Worte ausgesprochen hat, strahlen die Tierkinder vor Freude. Nur eine Sache müssen sie unbedingt noch klären.

„Und was ist mit Max?", fragt Zack im Namen seiner Freunde.

„Für ihn gilt das auch", verkündet die Zauberfee Belinda mit einem warmherzigen Lächeln. „Ihr alle habt mir bewiesen, dass er sich tatsächlich komplett verändert hat. Und weil er die Zauber-Salbe dafür benutzte, etwas Gutes zu tun, ist der große Zauberer ihm überhaupt nicht mehr böse. Ich soll Max ausrichten, dass er ihm schon längst verziehen hat. Also, mein lieber Max, zu Hause freuen sich alle auf den liebenswürdigen Zwerg, in den dich deine neuen Freunde verwandelt haben. Ohne es selbst zu wissen, können die kleinen Entdecker auf ihre ganz eigene Art nämlich zaubern. Bei uns im Märchenland seid ihr alle herzlich willkommen."

Von da an gibt es für Max und für die Tierkinder kein Halten mehr. Überglücklich umarmen sie sich gegenseitig und Belinda kann gar nicht genug davon bekommen, ihnen dabei zuzuschauen. Wie sehr sie sich für die Kleinen freut, können sie sich wahrscheinlich nicht vorstellen.

„Jetzt solltet ihr euch aber besser etwas ausruhen und ein paar Stunden schlafen", ermahnt die gute Fee. „Sobald morgen früh die Sonne aufgeht, machen wir uns auf den Weg."

Eigentlich sind die kleinen Entdecker viel zu aufgeregt, um zur Ruhe zu kommen. Die Abenteuer dieses ereignisreichen Tages haben die meisten aber doch so müde gemacht, dass ihnen die Augen überraschend schnell zufallen.

Nur Ellie und Zack setzen sich unter eine der Tannen, weil sie unbedingt noch miteinander reden möchten.

„Ich kann es immer noch nicht richtig glauben", flüstert Ellie ihrem Freund leise zu. „Bist du sicher, dass wir das alles nicht nur geträumt haben?"

„Ja, ich denke schon", meint Zack mit einem breiten Schmunzeln. „Dass unser größter Wunsch auf einmal ganz von allein in Erfüllung gehen würde, hätte ich bis heute auch nie für möglich gehalten."

„Erinnerst du dich daran, wie verzweifelt wir den weisen, grauen Wolf und die kluge Eule gesucht haben?"

„Na klar", grinst Zack verschmitzt. „Deine Oma hat ja schließlich behauptet, dass sie die einzigen Waldbewohner wären, die uns den Weg zum Märchenland zeigen können."

„Das hätte leider nicht funktioniert", unterbricht sie eine sanfte Stimme. Weil es inzwischen dunkel ist, haben Ellie und Zack gar nicht bemerkt, dass die Zauberfee Belinda hinter einem der Bäume in ihrer Nähe steht und ihnen zuhört.

„Vor langer, langer Zeit waren der weise, graue Wolf und die kluge Eule bei uns im Märchenland zu Besuch. Damals haben sie genau das erlebt, was euch morgen erwartet. Also hat deine Oma schon

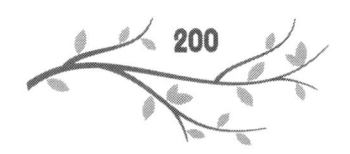

irgendwie recht, Ellie. Die ganze Wahrheit kennt sie aber nicht. Außer dem Wolf und der Eule war bisher noch niemand aus diesem Wald bei uns. Den Weg hätten die beiden euch aber ganz sicher nicht gezeigt, weil er für immer und ewig geheim bleiben muss. Bevor wir morgen aufbrechen, müsst auch ihr mir fest versprechen, niemandem jemals den Weg ins Märchenland zu verraten. Zu uns dürfen nämlich nur diejenigen, die etwas ganz Besonderes sind und es aufgrund ihrer Freundlichkeit und guten Taten verdient haben."
„Darauf geben wir dir heute schon unser Ehrenwort", versichert Zack der Zauberfee. „Kannst du uns vielleicht einen klitzekleinen Hinweis geben, wo es morgen langgeht?"
„Lasst euch einfach überraschen!", antwortet die gute Fee mit einem warmherzigen Lächeln. „Jetzt müsst ihr aber wirklich versuchen, ein bisschen zu schlafen. Morgen haben wir einen langen Weg vor uns. Gute Nacht, meine lieben, kleinen Freunde! Ich wünsche euch wunderschöne Träume."

Hat dir mein Buch gefallen?

Wenn dir mein Buch gefallen hat, würde ich mich sehr über eine Rezension freuen. Ich weise gerne darauf hin, dass es keine zwei Minuten dauert, eine kurze Rezension zu schreiben, die anderen Lesern und mir sehr weiterhilft. Gehe dazu bitte auf Amazon.de und klicke oben rechts auf „Mein Konto" und wähle dann „Meine Bestellungen". Dort wirst du dieses Buch schnell finden.

Nach einem Klick auf „Schreiben Sie eine Produktrezension" bzw. „Kundenrezension verfassen" siehst du die Möglichkeit, bis zu 5 Sterne zu vergeben. Anschließend schreibst du bitte noch, was dir an meinem Buch besonders gefallen hat. Etwas mehr als 10 Worte reicht bereits. Je mehr Worte du allerdings findest, desto mehr freue ich mich.

Lesenswerte Literaturempfehlung

Die kleinen und großen Abenteuer der Tiere im Wald –
Im Märchenland (Band 2)

25 Gute-Nacht-Geschichten für Kinder ab 3-4 Jahren

von

Julian Heinreich

ISBN: 978-3982145488

Haftungsausschluss

Der Autor übernimmt keinerlei Gewähr für die Aktualität, Korrektheit, Vollständigkeit oder Qualität der bereitgestellten Informationen und weiteren Informationen. Haftungsansprüche gegen den Autor, welche sich auf Schäden materieller oder ideeller Art beziehen, die durch die Nutzung oder Nichtnutzung der dargebotenen Informationen bzw. durch die Nutzung fehlerhafter und unvollständiger Informationen verursacht wurden, sind grundsätzlich ausgeschlossen, sofern seitens des Autors kein nachweislich vorsätzliches oder grob fahrlässiges Verschulden vorliegt. Alle Angaben wurden vom Autor mit größter Sorgfalt und nach bestem Wissen und Gewissen recherchiert oder spiegeln seine eigene Meinung wider. Der Inhalt des Buches passt möglicherweise nicht zu jedem Leser und die Umsetzung erfolgt ausdrücklich auf eigenes Risiko. Es gibt keine Garantie dafür, dass alles genau so, bei jedem Leser, zu genau den gleichen Ergebnissen führt. Der Autor und/oder Herausgeber kann für etwaige Schäden jedweder Art aus keinem Rechtsgrund eine Haftung übernehmen.

Impressum

© Autor Julian Heinrich 2019
1. Auflage
Alle Rechte vorbehalten.
Nachdruck, auch auszugsweise, verboten.
Kein Teil dieses Werkes darf ohne schriftlich Genehmigung des Autors in irgendeiner Form reproduziert, vervielfältigt oder verbreitet werden.

Julian Heinrich wird vertreten durch:
Maik Winter
Bürgerstraße 22
01127 Dresden
E-Mail: sommerma@gmx.de

Covergestaltung und Satz: Wolkenart - Marie-Katharina Wölk,
www.wolkenart.com
Coverfoto: Fiverr